张一南 北大国文课

张一南 著

岳麓书社

目 录

自序   I

先秦　巫师的歌唱   001
    《九歌》：谁在你的梦里？   003
    《庄子·逍遥游》：长大了能干什么？   035

六朝　艺人的歌唱   061
    《孔雀东南飞》：南朝的《双面胶》   063
    《木兰辞》：我们的故事   125

唐宋　文人的歌唱   195
    李商隐的无题诗：诗可以这样精致   197
    词人苏轼的壬戌之秋：放逐才好写诗   231

自序

大概不会过太久，我就会怀念起现在这段日子：一边等朱一龙的剧上新，一边整理自己的书稿。

拿自己跟大明星比，难免有点"登月碰瓷"。不过，我看我这一万粉丝的心，跟大明星看他那三千万粉丝的心，也是一样的。这就是庄子说的"齐物"了。

我也怀着万分的惶恐，感激我的读者朋友的喜欢。我也在盘算，你们到哪一天就该离开我了。趁着还有人记得我，我想多拿出一些有意思的东西给大家看。

这本书还是源自我的"大学国文"讲义。如你所见，因为有人喜欢第一本书——《年轻人的国文课》，所以有了现在这本。这本书是我上次没来得及分享给你们的部分。

第一本书的内容，是我最急着要告诉诸位的，如果只许我出一本书，那么我就会讲上本书里的那些。这本书，是我第二着急要告诉诸位的。上一本是我在跟大家打招呼，所以我特别希望你们喜欢我，会刻意挑一些最有可能让你们喜欢我的话来说。这一本，我大概就有点恃宠而骄了，就开始放飞了。如果用某些人做学术的眼光来看，大概上一本比较偏儒家，这一本比较偏道家。其实，在我看来，道家本来就是儒家分裂出来的一个人格。巫师一生中最想说的话，就是儒家，第二想说的话，就是道家。

我喜欢用"巫师"这个词，也喜欢说"贵族""士人""儒生"这些词。这些词的意思各有不同，但说的大体是同一群人。这群人，其实就是曹雪芹说的，禀赋正邪二气而生的人。他们聪俊灵秀在万万人之上，乖僻邪谬又在万万人之下。遇见了所爱，他们就是最深情的人；遇不见所爱，他们就做奇人逸士；即使生在不大可能留下文字记载的卑微环境，他们也能焕发出自己的光彩来，不会甘于被人奴役。

这些人，生在蒙昧的时代，就是讲着神话、给人们梦想的巫师；生在闭塞的乡野，就是唱着乐府、给人们欢乐的艺人；生在文化昌明的地方，受到良好的教育，就成为一流的文人，创作出一流的文学作品。这本书中的六个章节，恰好可以分入三个时代，又恰好分入三个角色。之所以能凑在一起，还是因为，这些看起来很不同的人，其实就是一样的人，都是我喜欢的人。

有一句话，我一定要在这里写出来。我第一天上小学的时候，我妈教育我："到学校不许问同学家里是干什么的。"

结果，30年后，我终于长成了一个见到古人就问他们家里是干什么的人。我会关心焦仲卿家里是干什么的，花木兰家里是干什么的，李商隐家、苏东坡家又是干什么的。我对他们家里是干什么的理解不同，对他们的理解就不同。

除了关心他们家里是干什么的，我还会追问，这个文学形象的心理原型是什么？文学是夜有所梦，那么日有所思是什么？我的史学功底并不好，实在不好在大家面前卖弄"文史不分家"。我的体会是，历史停止的地方，文学开始了。历史系告诉我们，这是假的；然后我们中文系开始追问，既然是假的，为什么要这么说。

这一次，我试着更多地说一些我真正感兴趣的东西。比如，用心理分析的方法去讲《九歌》，用文体学的方法去解构李商隐的诗和苏东坡的词。我讲《逍遥游》《孔雀东南飞》和《木兰辞》，都是中学课本上的"熟课"，但我的理解，可能是与你之前听到的相反的。如果不是相反的，我也就没有必要讲出来了。

这次快乐的写作体验，让我想起中学的时候。那时候我会在草稿纸上写一点不能给老师看的文字，我的同学们都很喜欢，我写好一篇，她们就抢过去传阅。以至于后来，我就是真为写作业而打的草稿，也会被她们抢走。有这样的小伙伴支持我，我就越发敢写真话了。

这本书收录的有关《木兰辞》的故事是我之前从来没讲过的。它不是讲稿，是我为了这本书专门写的，所以看上去可能不是那么好读，不是那么千锤百炼。如果不是为了等《木兰辞》，这本书本来可以更早一些和大家见面的。《木兰辞》里，有我特别想和大家分享的故事，以及我自己的各种故事。

我之所以这样执着于讲自己的故事，是因为我坚信，我的故事就是古人的故事。我和我的学生们，生长于正常的时代，我们或许更容易理解大多数时代的人。那些在书上没学明白的内容，代入我们的人生，往往就可以明白了。所以我要把古人的故事讲给我们这个时代的人听，让你们看看，古人和我们是一样的。我也要把我们的故事记录下来，给古人看，更给或许已经不再能明白我们的后人看。我要告诉将来的人，我们是这样的，我们是存在的。

当然，这只是我过于奢侈的野心罢了。这本小书，应该会很快灰飞烟灭吧。既然现在我还能写书给你看，那我就赶紧写，你也赶紧读，我们彼此图个乐就好了。

当其欣于所遇，暂得于己，快然自足，曾不知老之将至。

张一南
辛丑正月于白贲室

先秦　巫师的歌唱

《九歌》：谁在你的梦里？

湘君

君不行兮夷犹,蹇谁留兮中洲?
美要眇兮宜修,沛吾乘兮桂舟。
令沅湘兮无波,使江水兮安流。
望夫君兮未来,吹参差兮谁思?
驾飞龙兮北征,邅吾道兮洞庭。
薜荔柏兮蕙绸,荪桡兮兰旌。
望涔阳兮极浦,横大江兮扬灵。
扬灵兮未极,女婵媛兮为余太息。
横流涕兮潺湲,隐思君兮陫侧。
桂棹兮兰枻,斲冰兮积雪。
采薜荔兮水中,搴芙蓉兮木末。
心不同兮媒劳,恩不甚兮轻绝。
石濑兮浅浅,飞龙兮翩翩。
交不忠兮怨长,期不信兮告余以不闲。
朝骋骛兮江皋,夕弭节兮北渚。
鸟次兮屋上,水周兮堂下。
捐余玦兮江中,遗余佩兮醴浦。
采芳洲兮杜若,将以遗兮下女。
时不可兮再得,聊逍遥兮容与。

山鬼

若有人兮山之阿，被薜荔兮带女萝。
既含睇兮又宜笑，子慕予兮善窈窕。
乘赤豹兮从文狸，辛夷车兮结桂旗。
被石兰兮带杜衡，折芳馨兮遗所思。
余处幽篁兮终不见天，路险难兮独后来。
表独立兮山之上，云容容兮而在下。
杳冥冥兮羌昼晦，东风飘兮神灵雨。
留灵修兮憺忘归，岁既晏兮孰华予。
采三秀兮于山间，石磊磊兮葛蔓蔓。
怨公子兮怅忘归，君思我兮不得闲。
山中人兮芳杜若，饮石泉兮荫松柏，
君思我兮然疑作。
雷填填兮雨冥冥，猿啾啾兮狖夜鸣。
风飒飒兮木萧萧，思公子兮徒离忧。

《楚辞》的爱情与巫师的《九歌》

我们可以把爱情分成两种：一种是"我爱你就一定要说出来"，一种是"我爱你就可以不说出来"。这两种爱情都是高贵的爱情。"我爱你就一定要说出来"，这是一种很高贵的态度。孔子讲《关雎》，也是主张我们遇到了喜欢的人就要去追求。除此以外，世界上还有一种爱情，叫"我爱你就可以不说出来"，这种爱情的实现是需要条件的。一种可能是，你和你爱的人已经达到了一种默契，你不说，他也会知道，你也很确定他知道，这个时候，没有必要天天说爱。另一种可能是，你对他的爱已经深厚到了一定程度，反而让你不愿意说出来，就好像衣服的袖子长了，反而要挽回去一点。这两种情况是可以兼容的，但是至少要具备一条，才可以爱但是不说。

反思一下自己的爱情，恐怕大部分人主要还是前一种，还达不到"爱但是不说"需要的条件。你想想你的爱情，有没有跟对方达到一种默契呢？或者有没有深厚到，你随时都敢跟他表白，只不过你的爱好像比表白还要深厚一点？如果这两条你至少能达到一条，那就可以不说。如果这两条都没有，那你爱他就一定要说出来。不要觉得，爱一个人却不说是高尚的行为，你还没有达到那个条件。没有达到那个条件，还不说，那就不是高贵，而是傻。

不说出来的爱情，不是因为不够爱，而是因为爱得更多一点，或者爱的条件更优越一点。不说出来的爱情，就是《诗经》式的爱情。爱你一定要说出来，是《楚辞》式的爱情。《诗经》和《楚辞》都是我们的传统。《诗经》是标准的贵族的爱情，《楚辞》也是贵族的爱情，只不过是贵族处在压力之下、处在不利地位的爱情。

好比说，你爱一个人，要不要表白呢？其实不一定要表白。如果他明白你的心意，而且你们现在处在一个很有安全感的状态，比如说，在一个学校念书，每天都能见面，家里人也都不反对，这时候就没必要表白，表白反而可能生出不可预料的后果，这时候你就是《诗经》的状态。但是如果这时候情况发生了变化，比如说你们之间突然有一个人要去外地了，或者一方要被开除了，或者一方家长不同意了，突然有了新的压力，这时候就需要赶紧表白，成就成了，不成就分手，反正本来也是该分手的，就是眼看着不行了，最后再"作"一下，再赌一把，这就进入了《楚辞》的状态。

之前我讲过古代的爱情，主要是《诗经》式的爱情，这一次讲《楚辞》式的爱情。我们写诗，是《诗经》的状态，要节制感情。节制感情不是没有感情,而是感情太多,且处于优势。特别是写格律诗词,格律本来就是让你节制感情的。但是除了诗,还有乐府,乐府就是流行歌曲,乐府和诗不是一个东西。乐府要求你放纵你的感情,爱就一定要说出来,所以乐府是《楚辞》的状态。

我们的古人并不是都节制感情,也不是任何时候都放纵感情。诗和乐府的文体要求不同。写诗的时候就要节制感情,唱歌的时候就要放纵感情。穿睡衣就不能打领带,穿西服就不能露胸,什么时候穿什么衣服。

所谓"楚辞",就是"楚国的流行歌曲"。流行歌曲讲什么,我们都懂的,主要是男欢女爱,偶尔也说点别的。男欢女爱是乐府永恒的主题,陕北的农民唱信天游,也唱男欢女爱,我们唱粤语歌,也是唱男欢女爱。《诗经》本来也是乐府,也是男欢女爱,但是我们今天看到的《诗经》已经是经过改造的了,已经是庙堂歌曲了,已经是春节联欢晚会的状态了。好比我们今天说"民歌",跟"流行歌曲"已经不是一个概念了,虽然"民歌"里也保留了好多男欢女爱。《诗经》和《楚辞》的区别,就是今天"民族唱法"和"通俗唱法"的区别。《诗经》里的爱情,至少已经是节制的爱情了,不是最原汁原味的乐府了。

当然,我们今天能看到的《楚辞》,也不是原生状态的楚辞了，目前我们见到的最早的一批楚辞是屈原写的。由一个文人来写流行歌曲，跟真正的民间歌曲差别还是很大的。屈原作为一个贵族，是读着《诗经》长大的，他的思维模式从骨子里还是《诗经》式的。但是他既然写楚辞，表达方式就要符合楚辞的规范，符合"爱你就一定要说出来"这个特点，比经过改造放到庙堂上的《诗经》，它更接近乐府的状态。一首作品呈现什么样的风格，首先是由文体决定的，不是由作者个人决定的。谁来写流行歌曲，都得遵循流行歌曲的套路。贵族在压力之下的纵情，跟底层人民在绝望中的纵情，还是有区别的，就像你因为要去外地了，跟女朋友表白，和跟一个你知道不可能追上的女神表白，还是不一样的。但是他们毕竟都是纵情，都是表白。

关于《诗经》和《楚辞》的区别，宋代的黄庭坚有一个描述：

> 不得其平，则声若雷霆，涧水是也；寂寞无声，以宫商考之，则动而中律，金石丝竹是也。维金石丝竹之声，国风雅颂之言似之；涧水之声，楚人之言似之。

《楚辞》就像山涧里的水，因为受到挫折，受到阻碍，所以不得其平而鸣，发出很大的声音。《诗经》就像是编钟，挂在那里，你不敲它，它就不响，但是其实它里面蕴藏着最好听的声音，就看你会不会去发现。涧水有涧水的美，编钟有编钟的美。我们欣赏《楚辞》，就是欣赏它这种宛若涧水的感觉；我们写乐府，也要写出涧水的感觉。

屈原的《楚辞》里，最像乐府的，还是《九歌》。《九歌》其实是巫乐，是屈原为当时楚地的巫术活动写的歌曲。

乐府的源头在巫术。我们说"乐"这个字，其实就是"乐（lè）"，我们的"乐"本来没有那么多神圣的东西，就是让人快乐的。平时唱歌，是让人快乐；祭祀的时候唱歌，就是让神快乐。怎么让神快乐呢？我们认为，能让人快乐的就能让神快乐。所以乐府的精神就是娱乐至死。

那么由谁来实施这个娱乐呢？就是巫师。巫师是被认为具有特殊能力的人，就好像哈利·波特一看动物园那条蛇，蛇就从玻璃柜子里跑出来了。巫师被认为具有沟通人和神的能力，所以祭祀这种事就得巫师来主持，所有的曲子、歌词、舞蹈、表演，都是由巫师设计完成的。那时候所有的知识都掌握在巫师手里，巫师就是当时的知识分子。巫师的职责，跟后来的士，以及再后来的知识分子是差不多的。今天的知识分子，就是上古时代的巫师，也是中古时代的士。屈原就是"楚之大巫"，楚国最大的巫师，也可以理解为楚国最大的知识分子。我们要理解,屈原的身上是有巫师的色彩的,士、诗人,都是从巫师发展来的。

在上古时代,巫师享有至高无上的地位,理论上比掌握政权的统治者的地位还要高。当然实际上还是改治领袖的地位高,他手里掌握着实权呢!但是巫师的身份比统治者要高贵,至少在精神上是比统治者更受尊重的。后来巫师分化了,有的管写诗,有的管占卜、唱歌跳舞什么的。但占卜和唱歌跳舞是一些实际的技术,管占卜、唱歌跳舞的地位不如写诗的高贵,因为写诗不是一种实际的技术,而是一种天生的能力,最体现巫师性。所以上古时代巫师的崇高地位,后来被诗人继承了。屈原就生活在巫师的时代向诗人的时代过渡的阶段,他既是一个巫师,也是一个诗人。

《九歌》是唱给神的歌。我们知道,神是人想象出来的。人为什么把神想象成这样,不想象成那样呢?为什么每个民族想象的神不一样呢?因为神其实是人的人格的投射。你觉得人肯定得有男的,所以就会有男神,人肯定得有女的,就会有女神。你需要什么功能,就会有什么样的神。你认可的每一个神,其实就是你自己内心的一个人格。你认可的神的系统,就是你内心人格的系统。简单地说一句有点诗意的话:神就是你的心。

一个人认可的神的系统,就是一个人的心。一个民族认可的神的系统，就是一个民族的心。《九歌》的神的系统，就是当时楚民族的心。

所以在一个系统里，神一般都是成双成对出现的。因为在人类的集体无意识里，有男就有女，有生就有死，有好脾气就有坏脾气。咱们今天也是，你的男神或者女神，总是可以组CP（人物配对）的。就算跟异性组不了，跟同性总能组一个。《九歌》里的神，也都是两两对应的。

《九歌》一共有十一篇，最后一篇《礼魂》是纯仪式的，没有神，所以《九歌》一共有十个神。这十个神可以分成五对。最高的是东皇太一，是主神；最低的是国殇，是为国战斗而死的战士的灵魂，其实就是普通人的灵魂。这两个差距太大，一个在最前面，一个在最后面，组不成CP，但是其实也算是一组对比。然后中间的八个神，是四组CP，每组CP都是一男一女，一生一死。云中君和东君是一组：云中君是月神，是女的，属于死的，代表死了又可以生，就像月亮缺了还会圆一样；东君是日神，是男的，属于活的，代表活着的还会死，就像太阳会落山一样。湘君和湘夫人是一组：湘君就是舜，是男的，代表死了的人，也就是我们怀念的人；湘夫人是舜的妻子，娥皇女英，是女的，代表活着的人，也就是怀念死者的人。大司命和少司命是一组：大司命是掌管死亡的，就好像阎王一样，谁该死了他就去收谁，他是男的，代表死亡；少司命是掌管出生的，谁该投胎了她就去送谁，去保护幼儿，她是女的，代表生命。河伯和山鬼是一组：河伯就是河神，代表生命的永恒，是男的，活的；山鬼就是山里的鬼，上古时代认为人死了就要去山里，尤其是南方，好多地方都是直接把死尸扔到山里的，山鬼是女的，死的。

既然是两两组CP，那么他们之间就会有爱情关系，所以《九歌》都是用爱情的口吻写的。而每组CP都是一生一死，所以《九歌》写的是活人和死人之间的感情，是人鬼情未了。《九歌》反映的是上古的楚人对生死的思考，当然很大程度上是屈原自身对生死的思考，他是用爱情的口吻唱出来的。这就是我说的，一切感情都可以描述为爱情。死人对生命的眷恋，活人对死人的怀念，也可以用爱情来描述。

《九歌》表面上是写爱情的，实际上是写别的事，在这儿是写生死的。把不是爱情的事转化成爱情来写，这是乐府常用的一个技巧。乐府如果要写比较严肃的事，往往喜欢转化成爱情来写。因为乐府是要快乐的，严肃的事不快乐，爱情才快乐，严肃的事要转化成爱情才符合乐府的体制。现在的流行歌曲也是，林夕的歌词，如果要写比较严肃的事，也会尽量转化成爱情来写。这是文体的要求。在《九歌》里，我们已经到处可以见到这样的技巧。

《九歌》里，有的篇目是活人唱给鬼的，有的是鬼唱给活人的。当然这里的鬼都是巫师扮演的，活人也都是巫师代表的。所以我们经常说，《九歌》里已经有原始戏剧的因素了。不过，我们不能高估这个戏剧性，《九歌》的戏剧性，可能是很简单的戏剧性。戏剧是乐府的一个重要组成部分，乐府多少都有点戏剧性。林夕的歌词好多也是有戏剧性的，但不是演出来的，是靠歌词本身来表现的，没有MV也能听得懂。

　　接下来要讲的两首《九歌》，《湘君》是活人唱给死人的，《山鬼》是死人唱给活人的，两者都是女人唱给男人的，都是用爱情的语汇来讲生死，大家可以借这两首来感受一下《九歌》的风格。

《湘君》

《湘君》讲的是舜和他的夫人的故事。关于"湘君"和"湘夫人"是谁,有不同的说法,其实这个分歧不重要,我们知道是死了的舜和他活着的夫人对唱就可以了。是一位夫人还是两位夫人,也不重要。简便起见,我们不妨认为,"湘君"是舜,"湘夫人"是他的夫人,《湘君》是湘夫人唱给湘君的歌。

传说,舜在南巡的时候,死在了湘水上,他的夫人来找他,在湘水上一边划着船,一边哭,眼泪落在竹子上,留下了瘢痕,湘水上生长的这种有斑的竹子,就叫"湘妃竹"了。这是一个很美丽、很深情的传说,后来曹雪芹写林黛玉,也反复用这个典故。这个故事也体现出《楚辞》那种张扬感情的精神。

这首诗还原到现实中,就是一个妻子在寻找她死去的丈夫,以此来表现生者对死者的怀念。妻子明知道丈夫死了,但是不愿相信丈夫死了,所以才要去找。找当然是找不到的,但是她不会承认找不到是因为丈夫死了,而是会说成丈夫负心,不愿意来见她。就像我们对去世的亲人,总会说你好狠心，扔下我走了。所以在这首诗里，湘夫人把生离死别的痛苦，说成是丈夫负心。用男人辜负女人的爱情，来写死者不会回来了，这是这首诗的构思。

《湘君》和《湘夫人》在《九歌》里排的位置是比较靠前的，这时候巫术仪式才刚开始，不能一下子到高潮，所以这里表现的是人迎接神，神还没有过来，所以没有接到。需要再等会儿，精彩的节目在后面，所以这两首最后都要说，"时不可兮再得，聊逍遥兮容与"。在这儿接不到，是程序规定的，屈原借这个来写死去的人是不会回来的。

我们看《湘君》的正文。

"君不行兮夷犹"，你在什么地方徘徊着不过来啊，"蹇谁留兮中洲"，你为谁留在水中的某个沙地上了呢？这就是林黛玉说的，贾宝玉在薛宝钗那儿"绊住"了。意思是，你不来见我，是不是另有新欢了啊？当然不是另有新欢了，不来是因为他死了，也是因为巫术程序规定这时候鬼神还不能出现。但是这时候不写他死了，而是说成他负心。不直接说程序规定要拖延一会儿，而是包装成一个爱情故事，这就是乐府的笔法。

"美要眇兮宜修"，我为你打扮得漂漂亮亮的，"沛吾乘兮桂舟"，坐上华贵的船来找你。在《楚辞》里，写交通工具的美好，也是打扮自己的一部分。在《楚辞》里，主人公要讨人喜欢，主要是靠把自己打扮得漂亮。这也体现《楚辞》重视文采而且张扬感情的特点。我打扮得这么漂亮去找你，可是你不知在谁那儿绊住了，不来见我。实际表演的时候可能会配合划船的动作，作为巫术仪式的意义是巫师这时候出来迎接神。"令沅湘兮无波，使江水兮安流。"我们看湘夫人，这位皇后，这位女神，她的气场。我出来找我的丈夫，我命令沅水、湘水，命令长江，给我老老实实地流，不许兴风作浪，不许给我找丈夫增添阻碍。这两句写出湘夫人的身份。这个湘夫人虽然很不幸也很痴情，但不是一个软弱的只会哭哭啼啼的形象，一看就是一个很有力量的女神。

  但是，即使她这么有力量，还是有不可抗拒的东西。她虽然让江水一点波澜都不起了，但是放眼望去，还是望不见她的夫君，因为她的夫君不会回来了。《楚辞》跟《诗经》不一样。《诗经》换一个韵，可能还是把同样的意思再唱一遍。《楚辞》是会转韵的，韵脚一变，就代表意思变了。后来的赋和乐府也都继承了《楚辞》的这个特点。在这儿转韵，可能代表音乐的旋律、节奏变了，表达的情绪变了。前面这个湘夫人理直气壮：你在哪儿绊住了？我打扮得漂漂亮亮的来见你，我给江水下命令，声调比较雄壮。但是这个时候，她突然发现这一切都是徒劳，即使是这样，还是不能见到她的夫君。"望夫君兮未来"，你还是没有来，我只好"吹参差兮谁思"。我吹起排箫，在思念谁呢？声调一下子变温柔了，声音细细的，表现一种女性的柔情，一种失落后的惆怅。

这是表示迎神没有迎到，也是表现死者不会回来了，你再有本事，也不能让你死去的夫君回来了。

但是，湘夫人没有善罢甘休，她马上开始了第二轮的寻找。这一韵唱了短短两句就转韵了，就是稍微休息一下，下一韵更雄壮。"驾飞龙兮北征，遭吾道兮洞庭。"我驾着飞龙一路向北，绕道去了洞庭湖，声势浩大地寻找丈夫。"薜荔柏兮蕙绸，荪桡兮兰旌。"船的装饰很华丽。"望涔阳兮极浦，横大江兮扬灵。"远望着涔阳的渡口，横渡长江，高高地扬起我的风帆。你看她这个气场。写湘夫人，总提到一个"望"字，其实是写巫师等待神灵下凡。

但是，高高地扬起风帆也没有用，舜还是不会回来，第二轮的寻找又落空了，这儿又换韵了，跌入比较温婉凄恻的声情。"扬灵兮未极"，这一个重复使情绪发生转折。"女婵媛兮为余太息"，这个"女"，可能就是女英，也可能是湘夫人的侍女，一个陪衬。旁边的女伴情绪激动，为我叹息。这一笔写得很真实。这时候不是湘夫人自己叹息，是旁边的人替她叹息。一个人真的特别执着的时候，她自己是不知道为自己叹息的，只有旁人替她叹息。就像你特别执着地爱一个不可能得到的人的时候，你自己不可能觉得自己可怜，只有你的室友觉得你可怜。

女伴的这一叹,点醒了湘夫人,她意识到湘君不会回来了,自己做的一切努力都是徒劳。这时候她默默地流下了眼泪,"横流涕兮潺湲",涕泪纵横,眼泪多得,潺潺的,像小溪一样。当然她本来就是湘水的女神。这个形容让女神的眼泪跟潺潺的流水交融在一起,江水在落日的照耀下潺潺地流动,好像是在替湘夫人流泪一样。"隐思君兮陫侧",内心里思念死去的丈夫,肝肠寸断,大家可以体会一下"陫侧"这个词的感受,一种阴阴的委屈,好像是冷水,从你的肝肠漫上来。这个时候,湘夫人还在划船,但不是寻找丈夫了,而是流着眼泪,漫无目的地在水上漂泊。就像我们特别痛苦的时候,流着眼泪漫无目的地到处走。"桂櫂兮兰枻,斲冰兮积雪。"华贵的桨,劈开像冰、像积雪一样的水面。这个比喻很美,水清得像冰雪一样,很唯美,也写出湘夫人这时候内心的冰冷。她划着船,艰难地前进,好像在破冰一样。时间显得那么漫长,船好像没有往前走一样。这么一个很华丽的修饰,其实是在写湘夫人内心极度的痛苦。

在这个极度的痛苦之下,湘夫人想,我付出这么多努力,其实都是徒劳。就好像薜荔生长在山里,我非要到水里去找;荷花明明长在水里,我非要到树上去摘一样。这个表达,可能来自民歌,表示明明不可能相爱的人,你非要去追求。就像后来刘三姐唱的,"竹子当收你不收,笋子当留你不留"。在这儿写到采摘花草,可能也有相应的表演。从巫术仪式的角度说,可能是在向神灵进献香草。

这两句是一个起兴,接下来就说"心不同兮媒劳,恩不甚兮轻绝"。这两句也很有民间谚语的味道。要是你们两个人本来就一条心,那媒人说着也省事;要是两个人不一条心,非要扭到一块儿,媒人都跟着累得慌。这话说得其实不符合封建礼教,理论上说应该是"父母之命,媒妁之言",说媒之前你们俩都不知道对方的存在,这才是贞洁的。但是现实中是,你们俩先好着,已经把生米做成熟饭了,这时候再让媒人出来走个形式,媒人也省事。这是一种民间的智慧。所以这句话反着想,其实挺淫荡的,这就是《楚辞》的特点。这话也是话糙理不糙,世界上好多事都可以用"心不同兮媒劳"来解释。如果你喜欢古典文学,古典文学也喜欢你,那老师在这儿讲讲就是走个形式,老师就轻省;如果你不喜欢古典文学,古典文学也不喜欢你,你还非得学古典文学,那老师就累。"恩不甚兮轻绝",你们没有两情相悦,就算是在一起了,也容易分手,这都是朴素的民间智慧。

湘夫人在这儿,表面上还是在说,是湘君抛弃了她。两个人"心不同""恩不甚"。这时候她还是不愿意承认是丈夫死了,而是宁可说丈夫不爱她,爱她爱得不深。心不在了,付出再多也挽回不了爱情。实际上这儿是在写，人死不能复生，付出再多的努力也没有用。生命不能挽回，跟爱情不能挽回是一样的。

这一韵写湘夫人找不到湘君的痛苦，写得特别长，写了八句，充分地渲染她这种激烈的情绪。这是爱情的情绪，也是生命的情绪。接下来又转韵了，又转到比较舒缓的韵脚，写湘夫人的第三次出行。第二次出行，湘夫人意识到不可能找到湘君了，痛苦得走不动。最后她还是把湘君的死解释成不爱她了，这样她的情绪稍微平复一点了，开始第三次出行，漫无目的地到处乱走，排解内心的苦闷。这跟我们失恋时候的表现是一样的。

"石濑兮浅浅，飞龙兮翩翩。"江水从石头上浅浅地流过，我的飞龙翩翩地从水上划过，这个画面很美。后来谢灵运写"石浅水潺湲"，就是把"石濑兮浅浅"和刚才的"横流涕兮潺湲"两个场景叠在一起写了。湘夫人轻快地划着船，在湘江上散心，但是此时，失去丈夫的痛苦，其实仍然萦绕在她心头。所以这时候她又迸出来两句，"交不忠兮怨长，期不信兮告余以不闲"，这又在埋怨她的丈夫了。你不想好好地跟我交往，所以才会老有需要埋怨的事。你就没想好好地赴约，所以老说你没时间。这两句也是民间恋爱的智慧。我们看有的女孩子就爱抱怨男朋友，有的女孩子就不抱怨。其实不是不抱怨的那个女孩子贤惠，而是抱怨的那个女孩子，她的男朋友没有好好地和她交往，所以才老遇到需要抱怨的事。这就叫"交不忠兮怨长"。如果一个女孩子老抱怨男朋友，然后还说"不过他对我挺好的"，这都是假话。如果一个男孩子想赴你的约，他就是再忙，也总能抽出时间的，如果他老是跟你说，我很忙，没时间，那就说明他其实不是很想见你。在这儿湘夫人也是抱怨，不管什么理由，你没来见我，就说明你是不想见我，你是不爱我。不过这次湘君不来见她的原因有点特殊，他不是说没时间，而是死了。表面上是写爱情，实际上还是写生死。

接下来转韵，第三次行程结束，这一个桥段的巫术仪式也接近尾声了，湘夫人找到了舜淹死的地方。"朝驰骛兮江皋，夕弭节兮北渚。""鸟次兮屋上，水周兮堂下。"鸟落在房子上很正常，水怎么会在堂下呢？不是发大水了，而是这是水府，是湘君在水里的洞府，也就是舜淹死的地方。所以屋子上落的鸟也不是鸟，而是水里的鱼。这时候湘夫人"捐余玦兮江中，遗余佩兮醴浦"，把我身上带的玉佩扔到水里。扔到水里干什么呢？我们中国人谈恋爱有个传统，姑娘看上了一个男的，要把自己贴身的东西送给他做信物，但是姑娘家又不好意思直接送，就看准了，然后把东西扔到地上，假装是不小心丢了。然后男的有心，跟在后面捡起来。明清的小说和戏曲里，还是这个套路，穷人扔手绢，有钱人就扔玉佩。所以女的扔东西男的捡，是一个有关爱情的意象。老有人说，西方人从小有爱情教育，幼儿园小孩做游戏，就玩送玫瑰，中国就没有这个教育。其实这个教育我们幼儿园也有，我们玩丢手绢。中国人不兴送玫瑰，兴丢手绢。

但是在这儿，湘夫人也不是这个意思。这时候应该是往水里扔东西，祭奠湘君。可能这时候也是配合巫术仪式，巫师要往水里扔东西，祭奠鬼神，屈原就配了这样的唱词，用写男女爱情的意象，去描述巫师的这个动作。这还是用爱情的语汇来写巫术仪式。

除了扔东西，她还"采芳洲兮杜若，将以遗兮下女"，采了花，送给刚才陪着我、替我叹气的女伴。这个可能也是配合巫术动作的。《九歌》里面老说送花，可能上一个表演的巫师要把花传给下一个巫师。"时不可兮再得，聊逍遥兮容与。"我的夫君不来，不妨碍我先自由自在地玩一会儿。

这是《湘君》和《湘夫人》共同的结尾，可能是《九歌》这个桥段的套话，就好像副歌一样，表示这个时候神还没有来，我们还得等等。主角还没出来，大家先嗑瓜子，自己自在一会儿。

《山鬼》

"山鬼"这两个字一看就挺可怕的,山里的鬼。但是这首诗里山鬼的形象很可爱,跟这两个字存在巨大的反差。后来注《楚辞》的很少有人直接说"山鬼"就是山里的鬼的,有说她是山神的,有说她是巫山神女的,最近还时兴说她是野人,我觉得这跟大家不愿意承认"山鬼"就是鬼有关系。但是我认为,"山鬼"就是山里的鬼,如果字面意思可通的话,就不要多拐一道弯。这里写的山鬼,跟我们知道的巫山神女不太对得上,但是说是山里的鬼,其实是可以讲得通的。

这个山鬼跟河伯是CP,在后来中国的传说里,还有山鬼跟河伯组CP的。比如晋朝干宝的《搜神记》里就说,黄河的河伯是泰山府君的女婿。让山跟河组CP,是人类的一般反应,每个地方都会有的。

《搜神记》里的这个泰山府君,就不是一般的山神,而是掌管人死以后的鬼魂的,就跟阎王爷一样。那时候中国老百姓还没有佛教信仰,不知道阎王爷,当时是认为人死以后就要到泰山府君那儿去。

因为古时候人死了以后是扔到山里的,就跟咱们现在说

"上八宝山"一样。不一定是扔到泰山,泰山附近的人就扔到泰山,八宝山附近的人就扔到八宝山,别的山附近的人就扔到别的山。

广西崇左有一种白头叶猴,现在是比大熊猫还珍稀的保护动物。白头叶猴浑身是黑的,只有头上有一撮白毛,跟戴孝帽子似的。在崇左就有一个关于白头叶猴的传说,说有一年闹饥荒,死了好多人,大家就把死人送到山里去,然后去送葬的孩子就留在山里不回来了,因为山里有吃的,回去也是挨饿。日久天长,这些孩子就变成了白头叶猴,头上还留着送葬时候的孝帽子。

从这个故事我们至少需要看懂三个问题:首先,南方过去死了人是往山里送的。其次,在老百姓的意识里,这些白头叶猴,其实就是鬼,就是那些被送到山里的死人变的,说是送葬的孩子变的,其实是委婉的说法。民间传说跟做梦一样,对你最不能接受的那一点,是会做变形、会化妆的。之所以会认为白头叶猴是鬼,一个是它们戴这个孝帽子,给人死亡的联想;一个是它们住在山里,也给人死亡的联想,说明当地老百姓是把山跟死亡联系在一起的。白头叶猴就是当地的山鬼,可能别的地方就会把山里别的猴子当成山鬼了。最后,大家还是希望死去的亲人能过得好一点,所以会把山里的生活描绘得比较美好,有吃有喝,比活人的世界强,这样大家心里也会好受一点。这个也有助于我们理解屈原的《山鬼》。

之所以要把人扔到山里,是因为活人不忍心看着亲人的尸体慢慢腐烂。原始的时候是扔,所谓天葬,后来就是埋到山里。我们知道长江中上游有悬棺,那个就是介乎天葬和土葬之间,也是送到山里。现在我们火葬,也是送八宝山。所以在山跟河的CP里,山其实是代表死亡的。

与此相对,河就代表永生。《搜神记》里的河伯也是带着凡人到他的水府去玩,跟《九歌》里的河伯有点像,也是跟掌管死人的泰山神组CP。《搜神记》这个故事反映的信仰,跟《九歌》里河伯山鬼的信仰,是可以比较的。

所谓山鬼,就是死了以后被送到山里的人,也就是普通人的鬼魂。这些死了的普通人还在留恋着人间,屈原就把这种留恋写成了一个女性的山鬼对人间男子的留恋。

我们来看正文,体会一下屈原是怎么把一个鬼魂写得很美的,体会一下这个鬼魂对爱情的执著。

"若有人兮山之阿",在山的拐角处,好像有那么一个人。"若有人",好像有一个人,就暗示她是一个鬼了。按照恐怖谷理论,这种似人非人的存在其实是最可怕的,不管是鬼魂还是野人。但是屈原这个表达让我们觉得不怎么恐怖,"若有人",有点恍惚迷离的感觉,有一点女性或者仙人的神秘。

"被薜荔兮带女萝",屈原老写戴香草,但是这个戴香草的形象就给人感觉不是那么华贵,因为都是山里一般的蔓草,很有"山"的感觉,暗示这个山鬼已经跟人世隔绝了,穿的已经不是人世的衣裳了。

但是,这个山鬼仍然是有情的,她还有很可爱的表情。"既含睇兮又宜笑",含情脉脉的眼神,恰到好处的笑容,这句写少女的神态,写得很可爱。山鬼没有意识到自己已经死了,她的心志还是个活生生的人,所以她还会有"既含睇兮又宜笑"这么生动的表情,还是一个可爱的少女。

"子慕予兮善窈窕",你喜欢我吧,我这么会打扮——哪个女孩子会这么说话?"窈窕"本来不是好看的意思,是深藏不露的意思。"善窈窕",就是善于深藏不露,是《诗经》对淑女的要求。所以这句话就是把"窈窕淑女,君子好逑"变了一个视角说,从男性视角变成女性视角,"我这么善于深藏不露,像我这样的淑女,你该喜欢我了吧?"同一个意思,《诗经》和《楚辞》的语体就不一样。《诗经》多少有点说教的意思,小伙子我跟你说,你就得娶这种深藏不露的好姑娘。《楚辞》就活泼多了,"我都这么深藏不露了,你该喜欢我了吧?"你要是深藏不露,你就不该说出来。这就看出《楚辞》的风格,更大胆,更真实。这一句就把恋爱中少女的心情写得很传神。我又要故作矜持,免得你看不起我,但是我又真的希望你喜欢我,这就是傲娇。

这个山鬼为什么要强调自己"窈窕"呢?我们注意,这个"窈窕"是穴字头,本意就是洞穴幽深。这个山鬼是在山里的,在幽深的洞穴里。说得直白一点,她已经死了,被安放在幽深的洞穴里了。但是她不知道自己死了,不知道自己为什么被放在洞穴里,所以她就把这个事情合理化。不是说小伙子都喜欢姑娘"窈窕",喜欢深藏不露的姑娘么?我这回待在山洞里了,够"窈窕"了吧,够深藏不露了吧,是不是该有小伙子喜欢我了呢?这个女鬼很可爱,也很让人心疼。这个"窈窕"是双关语,既指爱情中姑娘的深藏不露,也指山的幽深,暗示死亡。

这个山鬼在山里过着什么样的生活呢?"乘赤豹兮从文狸,辛夷车兮结桂旗。"过着很奢华、很逍遥自在的生活。广西老百姓只会说"山里有吃有喝",人家屈原是文人,就形容得这么高大上。这个奢华里面,还是有一点"山"的味道。死了的人,在山里过得很好。

"被石兰兮带杜衡",戴着香草,好好地打扮自己。"折芳馨兮遗所思",采下一把鲜花,送给我思念的人。这又是《九歌》的献花仪式,也是用爱情行为来写。她思念的人大概是一个活人,用鬼对人的爱情,来写鬼对人世的眷恋。

"余处幽篁兮终不见天,路险难兮独后来。"《山鬼》的节目是安排在《九歌》里比较靠后的位置的,因为她是凡人,地位比较低。在这儿她对迟到有一个解释,说我住得远,路不好走,才来晚了。死人放在山里了,当然离大家就远了。但是屈原给了一个诗意的形象,"余处幽篁兮终不见天",山鬼住在幽深的竹林里面。茂密的竹林把阳光遮住了,看不见天,有一种压抑的感觉,这是对死后世界的一种想象,同时也是爱情中的一种感受。就像窦娥唱的,"覆盆不见太阳辉",好像顶着个盆一样,看不见光明。你爱的人不爱你,你也会有"余处幽篁兮终不见天"的感觉。这是用爱情的压抑来写死亡的压抑。这一韵交代山鬼的生活状况,是六句。

下一韵,拉开抒情的架势了。"表独立兮山之上,云容容兮而在下。"我独自高高地站在山上,遥望我的爱人。这个形象很美,很痴情。从爱情的角度说,这是一个痴情女子的形象。从死亡的角度说,这也是一个经典的鬼的形象。漫漫的云气都在我的脚下。这山很高,有腾云驾雾的感觉。腾云驾雾有可能是神仙,也可能是死后的感觉。我站在山上遥望,却看不见我在凡间的爱人,只看见一片云雾,把我和他分隔开来。云雾在梦境中也经常代表生死的界限。后来白居易在《长恨歌》里写的"回头下望人寰处,不见长安见尘雾",也是这样一个境界。这里写被阻隔的爱情、绝望的爱情,这种感觉很真实,而他写的是爱情中最大的阻隔,生死的阻隔。

"杳冥冥兮羌昼晦",一片昏昏暗暗的,虽然是白天,也暗得像晚上一样。这是山里的感觉,也是死后的感觉。所谓"余处幽篁兮终不见天",虽然有阳光,但是我感受不到。后来谢灵运写山水诗,也有这种感觉,这是在深山里的真实的感觉。有人说谢灵运这是受佛教地狱场景的启发,其实完全没有必要做这样的解读,任何一个民族对死后世界的想象肯定都是昏暗的,我们的传统文学里也有这样的资源。与其说谢灵运是受佛经的启发,还不如说他是受《山鬼》的启发更直接一点。"东风飘兮神灵雨",在这一片昏昏暗暗里,突然吹来一阵东风,带来一点暖湿气流,下了一阵雨。这是热带和亚热带的深山里可能会有的。突然下这一阵雨,就给人感觉是有神灵经过,很神秘。这也增加了这首诗的诡异氛围。

"留灵修兮憺忘归",我恋恋不舍地挽留我的心上人,忘了回去。这是谈恋爱时候的常见场景。借这个来写山鬼对人世的不舍。为什么叫"归"呢?因为活人把死人送到山里以后,就要回去了,死人舍不得他回去,就像恋爱中的少女舍不得恋人回去一样。这一回去,就意味着阴阳永隔了。所以,"岁既晏兮孰华予",时光流逝,年岁晚了,谁能让我重新青春起来呢？表面上是写青春少女担心青春不再，就像林黛玉伤春一样。但是少女说"岁既晏"，好像早了点；如果是神仙，就更谈不上"岁既晏"。所以一般解释成，一年结束，到冬天了。但是光是到冬天，好像说不上"孰华予"，人又不是一年生植物，不是一到冬天就老了。如果说是已经死了的人，说"岁既晏"就好理解了，"岁既晏兮孰华予"，就等于说生命已经过完了，谁能让我死而复生呢？当然屈原用了比较唯美的表达，看起来像是写爱情。这一韵抒发山鬼留恋人世的感情，也是六句。

但是山鬼舍不得人，人还是无情地离开了。寂寞的山鬼只好自娱自乐。"采三秀兮于山间"，郭沫若说这个"于山"是"巫山"，因为没见过"兮"之后又接虚词的。其实是有的，刚才那一韵就有，"云容容兮而在下"的"而"，"杳冥冥兮羌昼晦"的"羌"，所以这个"于"就是"于"，不能说明"于山"是巫山。我在山间采摘各种各样的花草，人走了，山鬼就自己采花哄自己玩，看上去挺活泼的，其实挺伤心的。"石磊磊兮葛蔓蔓"，写山间的环境，跟人间不一样。"怨公子兮怅忘归"，山鬼埋怨她这个心上人，狠心把她留在山里，心里惆怅，忘了回去。其实是她不愿意回到那个属于她的死亡的世界里去。当然，不愿意也得回去，可是她不甘心。那个撇下我走了的人，他想不想我呢？肯定想我。"君思我兮不得闲",想我想得"不得闲"呢。有没有想呢?不知道,也许会想,但是撇下你走了的人,多半是不会想你的。你说他想你想得"不得闲",这都是你的一厢情愿。由此可见这个山鬼是个痴情的少女。实际上这写的是死了的人怕寂寞,希望活着的人能想念自己。知道你不可能永远陪着我,起码你想一想我也是好的。这种写法就叫"对面落笔",不是写活人想死人,也不是写死人想活人,而是写死人希望活人想自己。这种"对面落笔"的写法,是《山鬼》的一个亮点。不说我想你,而是说你有没有在想我呢?你肯定在想我。这种拧巴,就有点像林夕,把爱情心理写到特别深、特别细的那一个点上,这就是流行歌曲。

这一韵是四句,下一韵也是写山鬼自娱自乐,跟这一韵是对上的,应该也是四句,今天我们只能看见三句了。"山中人兮芳杜若",山中的那个人,美好得像杜若一样,这是山鬼在自己夸自己。没人夸我,我就自己夸自己,这也是自娱自乐。这句是跟"采三秀兮于山间"对起来的,写山鬼可爱又让人心疼。"饮石泉兮荫松柏",我喝着清清的泉水,在松柏下面乘凉。这又是写山鬼在山里过得很好,让活人不要担心。这么写还有点赌气的意思,你不理我,我自己在山里一样过得很好。就像我们今天跟爱人生气,故意自己出去玩,然后发朋友圈气他,是一个意思。但是这样真的是开心吗？没有的。这一句跟"石磊磊兮葛蔓蔓"对起来。后面丢了一句，应该还有一句不入韵的，跟"杳冥冥兮羌昼晦"对起来的，今天看不到了。然后"君思我兮然疑作"，这一句是跟"君思我兮不得闲"对起来的，也是我想你不说我想你，说你想我的意思，也是对面落笔。这次不仅是不得闲的问题了，你想我想得都"然疑作"了，都开始怀疑我不爱你了。这个爱情心理写得很生动，也很复杂。后来的文人就在这个我想你你想我的问题上，作了不少文章。这也看出这个山鬼的性格，特别聪明，特别多心，性格很鲜明。乐府体的作品，也喜欢在爱情心理上做文章。

　　山鬼虽然这么自娱自乐，但是心里是寂寞的。她知道她爱的那个人不会回来了，会把她忘了的，所以最后一韵就写到这种生死诀别。"雷填填兮雨冥冥"，打着很大的雷，下着暴雨，在这个亚热带深山老林的深夜里，这有点可怕的一幕景象，也暗示山鬼落入了永远的黑暗，正式跟人间阴阳永隔了。"猿啾啾兮狖夜鸣"，山里猿猴在啼叫，在一片雷雨的声音中，格外凄厉。有人说山鬼就是一种猿猴，从前面讲的白头叶猴的故事来看，可能老百姓就会把猿猴当成山鬼的化身。当时有一种说法，"君子为猿为鹤"，说在战乱中，君子死了以后，就变成猿和鹤，可能当时有这样的传说。所以猿可能本来就是鬼，所以猿啼就显得有点恐怖，也是暗示死亡。"风飒飒兮木萧萧",这也是山中的凄凉恐怖的景象,跟"雷填填兮雨冥冥"句式也是对起来的。"思公子兮徒离忧",我想念你啊,只是白白地增添烦恼罢了。这也是写爱情的经典句子,写山鬼和公子的爱情终于还是不成。从巫术意义上说,就是人死不能复生,你再留恋人世也没有用,不会让你再回来了。我们活人对死人的心情是矛盾的,我们又想他们,但是他们要是真回来了,我们又不愿意。所以所有的巫术仪式,都会反复告诫死人,你不要回来了。当然这个告诫都得包装成能让活人接受的说法,什么你安息吧!别惦记我们之类的。包括现在追悼会,也得这么说。屈原是用爱情来包装,你想爱的人爱不到,也只能算了,其实就是你想回来也不能回来的意思。

屈原的《九歌》记录了当时楚国人信仰的神仙系统,其实就是当时楚国人内心深处的人格系统。楚国人的梦里有这些神仙,你的梦里又有谁呢?如果让你写一个神仙剧本,你会设计哪些人物呢?不妨试着动手写一个浪漫的故事,发掘一下藏在你内心深处的那个人吧。

《庄子·逍遥游》：长大了能干什么？

北冥有鱼，其名为鲲。鲲之大，不知其几千里也。化而为鸟，其名为鹏。鹏之背，不知其几千里也。怒而飞，其翼若垂天之云。是鸟也，海运则将徙于南冥。南冥者，天池也。

《齐谐》者，志怪者也。《谐》之言曰："鹏之徙于南冥也，水击三千里，抟扶摇而上者九万里，去以六月息者也。"野马也，尘埃也，生物之以息相吹也。天之苍苍，其正色邪？其远而无所至极邪？其视下也，亦若是则已矣。

且夫水之积也不厚，则其负大舟也无力。覆杯水于坳堂之上，则芥为之舟；置杯焉则胶，水浅而舟大也。风之积也不厚，则其负大翼也无力。故九万里则风斯在下矣，而后乃今培风；背负青天而莫之夭阏者，而后乃今将图南。

蜩与学鸠笑之曰："我决起而飞，抢榆枋，时则不至而控于地而已矣，奚以之九万里而南为？"适莽苍者，三餐而反，腹犹果然；适百里者，宿舂粮，适千里者，三月聚粮。之二虫又何知！

小知不及大知，小年不及大年。奚以知其然也？朝菌不知晦朔，蟪蛄不知春秋，此小年也。楚之南有冥灵者，以五百岁为春，五百岁为秋。上古有大椿者，以八千岁为春，八千岁为秋。此大年也。而彭祖乃今以久特闻，众人匹之，不亦悲乎？

汤之问棘也是已："穷发之北，有冥海者，天池也。有鱼焉，其广数千里，未有知其修者，其名为鲲。有鸟焉，其名为鹏，背若泰山，翼若垂天之云；抟扶摇羊角而上者九万里，绝云气，负青天，然后图南，且适南冥也。斥鴳笑之曰：'彼且奚适也？我腾跃而上，不过数仞而下，翱翔蓬蒿之间，此亦飞之至也。而彼且奚适也？'"此小大之辩也。

故夫知效一官，行比一乡，德合一君而征一国者，其自视也，亦若此矣。而宋荣子犹然笑之。且举世誉之而不加劝，举世非之而不加沮，定乎内外之分，辩乎荣辱之境，斯已矣。彼其于世，未数数然也。虽然，犹有未树也。

夫列子御风而行，泠然善也。旬有五日而后反。彼于致福者，未数数然也。此虽免乎行，犹有所待者也。若夫乘天地之正，而御六气之辩，以游无穷者，彼且恶乎待哉？故曰：至人无己，神人无功，圣人无名。

孟子的背面

《庄子》是我最喜欢的中国经典之一。我一直给大家讲的是儒学，但是其实我真正喜欢的是《庄子》。

《庄子》在战国诸子里的生态位有点特殊。其他的诸子，都可以明确看出来他们是做什么用的，凭什么在老板那儿开工资。但是庄子，你看不出他是替老板干什么的，你没法想象，在你死我活的竞争中，哪个老板会雇用庄子。庄子可能是战国诸子里唯一不想向统治者推销自己的。有人说，庄子就是一个漆园的小吏，远离高层政治斗争。我有一个硕大的脑洞，没准庄子就是战国哪个子的小号。战国诸子要把自己的学说推销给统治者，必须整天把利挂在嘴上，其实他们本来也是读书人，整天说这个心也累。也没准谁受不了了，开个小号吐个槽，跟市场上好卖的那套反着来。

是谁的小号呢？无可查考了。有一个迹象是，庄子和孟子生活的时代差不多，而且他们都论过天下诸子，但是都没有提及对方。这是为什么呢？学界有很多解释。但是如果说庄子是孟子的小号，就好解释了。当然这是我一个硕大的脑洞，大家只有在写玄幻小说的时候才可以用。

孟子是一个对现实世界非常执着的人，庄子是一个非常超脱现实的人。但是他们内在的精神有一点相通之处，就是特别信仰"心"的力量。孟子在骨子里，对精神的自由也是极为坚持的。在表面上，孟子和庄子是互补的关系。从内在精神上，你读孟子，也要从庄子去理解孟子，才能读懂孟子。

魏晋玄学有三本经典，叫"三玄"。"三玄"是指《周易》《老子》和《庄子》。魏晋玄学，你可以粗略地理解为道家思想，魏晋那些士人的思想，是有玄学的背景的，也就是他们一边做事，一边是带着道家精神的，所以他们比较放飞。"三玄"就是他们在这方面的经典，就像"五经"是儒家经典一样。

"三玄"内部是有分工的。《周易》描述的是世界运行的轨迹，《老子》描述的是比较现实、比较黑暗的一面，《庄子》描述的是比较清高的一面，但也是很丧的。"三玄"里我最不喜欢《老子》，因为太简单了，离"麻瓜"社会更近。当然《老子》也不是"麻瓜"能写出来的，是巫师对"麻瓜"社会的观察。我更喜欢《庄子》，因为《庄子》最符合我的审美。

最近还有一个观点，说《庄子》其实不是道家，而是儒家的异端。当然这个观点本身就是学术界的异端。这个观点认为，庄子是儒家的一个分支发展到极端的产物。我认为，这个观点有一点合理性，就是《庄子》有一种跟《老子》很不一样的气味。《庄子》其实跟儒家一样，有一种向上的精神，有一种愿意超脱于世俗的精神，而且《庄子》比孔孟更极端。

而《老子》的精神是向下的。就好比，大家一起去爬山。孔孟是辛辛苦苦往上爬，老子是顺着坡往下溜，去看看水潭里有什么，庄子是在山顶纵身一跃，跳出去了。跳出去，也有可能掉到深渊里去，也可能是你看着他要掉到深渊里去，结果他飞起来了，但是无论如何，他跟老子那个顺坡溜是不同的姿势，本来是两个方向。

本来向上是要付出辛苦的，是要担负责任的，庄子无非是索性连这个责任也不要了，追求绝对的精神自由。但是这个绝对的精神自由，其实是以向上为基础的，有很深厚的儒家思想背景。庄子对儒家的批判，是内行人的批判。种种迹象表明，庄子对儒家思想是很熟悉的。所以这让人觉得，庄子是个受过正统儒家教育，然后反出儒门的人。后来的庄子的继承者，像嵇康他们，其实也是这样一个人设。说这些是想提醒大家，庄子的学说其实跟儒家学说有千丝万缕的联系。他反对儒家，但内在逻辑还是跟儒家学来的。

如果说庄子是儒家异端，那庄子是哪个异端呢？这是一个纯粹扯淡的八卦了，因为前提就很扯淡。一个说法是他是颜回的继承者。我们在《庄子》里看到，凡是提到孔子的时候，经常提到颜回，而且多多少少颜回还要胜孔子一筹。《庄子》是反儒的，里面说到的孔子往往不是代表最高智慧，但是《庄子》很明显不反颜回。如果是这样的话，庄子就是儒教最牛的一支的继承者，是站在学霸的立场上去批判学渣。还有一个说法，他是宰我的继承者，就是孔子特别看不上的、宰了我也要昼寝的那位。这个听起来好像更合理一点。学渣拉出去一支队伍当异端。而且宰我那种不管不顾自由散漫的劲儿，也有点像庄子。但是宰我的继承者干吗要说颜回好话呢？当然学渣跟学霸关系特别好也是有的。他说我看不上老师，但是这个学长还行。

　　《庄子》的思想，如果硬要一言以蔽之的话，我并不是把他理解为超脱世外，我眼中的庄子，是超脱于"麻瓜"世界之外的。之所以要超脱，不是因为世界是世界，而是因为世界是由"麻瓜"组成的。他不是真的丧，而只是不想与"麻瓜"为伍。这个思想，还是脱胎于儒家的"爱有差等"的。只不过他这个差等的步子迈得大了一点，说谁我都嫌弃。其实他也不可能谁都嫌弃的。这只是他的一个梦想，一种极端言论，一个指导原则。

　　《庄子》的这个鄙视"麻瓜"的思想，在第一篇《逍遥游》里面就体现得很好。这里我给大家提供一个我的视角。

我的视角，就是庄子的"小大之辩"。"小大之辩"的问题，别人谈得也很多了。一般的理解是，大有大的难处，所以还是小着点好。其实这不是庄子的思想，是老子的思想。我的理解，庄子的思想是，大有大的难处，小也有小的难处，这就叫齐物；既然小也有小的难处，那我还是大着点吧，因为大比小有更多的好处，之所以大有大的难处，是因为还不够大，等你再大一点，长到足够大了，就没有难处了，这就叫逍遥。其实《逍遥游》的思想，是大比小好，不是小比大好。

我站大鸟,不站小鸟

我们来看《逍遥游》的文本。

北海里有一条很大的鱼,叫做鲲。寓言一般也有将民间传说作为原型的,庄子的这个寓言,可能跟渔民的传说有关。这个"北海",应该是幻想出来的概念。如果有原型,那就是中国北边的海。不太可能是青海湖、喀纳斯湖之类的,那时候中国人的活动范围还到不了那儿,最有可能是渤海、黄海之类的。纬度高的地方,动物体形容易比较大。这个鲲的原型,可能就是生活在中国北部海域里的鱼类或者鲸豚目。

有意思的是,这个"鲲",本来是"鱼子"的意思,就是最小的鱼。用最小的鱼来命名最大的鱼,不知道庄子是怎么想的。这个鲲之大,有同学说一锅炖不下。这可不止一锅炖不下的问题,人家是"不知其几千里也"。北京到兰州是不到三千里,这一条鱼就有北京到兰州那么长。当然他也就是说说好听。

然后这只鲲,"化而为鸟"。神奇动物可以互相变化,这是中国人非常古老的观念。说鱼可以变成鸟,可能来自多方面的联想。首先，鱼和鸟都是流线型的身体，鱼在水里游动的样子跟鸟在空中飞行的样子可以类比，引起古人的联想。其次，可能跟渔民观察到的一些现象有关。比如说，有的鳐鱼可以从海里跳起来，跳很高，而且鳐鱼的样子长得不怎么像鱼，像有翅膀的动物，跳在空中的时候，远看好像变成鸟了一样。又比如，很多鲸豚类，都有跳出水面的习惯。鲲的原型最大可能还是鲸豚类，各种鲸或者海豚。这些都可能让渔民产生联想，想象鱼跳出水就变成鸟了。但是从生物进化的角度说，鱼跟鸟差得又比较远。鱼是脊椎动物里最低等的，鸟可以算是最高等的了，跟哺乳动物一样是从爬行动物进化来的，站在进化树的顶端。鱼要进化成鸟，首先得豁着命从水里出来，变成两栖类、爬行类，然后在地上爬着，最后才学会飞。鱼要是蹦起来就变成鸟，也算是一步登天了。

鲲变成的这只鸟，叫"鹏"。"鹏"其实就是"凤"。上古没有轻唇音，没有 f，f 都念成 b，所以我们现在说的"父亲"的"父"，在上古就念"爸"。古人也不是叫父亲，也是叫爸爸，跟我们是一样的。上古也没有"凤"，只有"堋"，在当时是跟"鹏"差不多的一个音。"鹏"和"凤"应该是一个东西，就是写法不同。今天我们感觉鹏是男性，凤是女性，鹏不好看，凤很好看，这是很晚才出现的误解。这个"鹏之大"，也不是"需要两个烤架"的问题，鹏也是几千里,"鹏之背,不知其几千里也",这个鸟,光是背就有北京到兰州那么长,还不算翅膀,因为翅膀是后来长出来的,背就是原来鱼的那个背,它要是展开翅膀得多大啊。

然后这个鹏还会飞,"怒而飞,其翼若垂天之云",一鼓劲飞起来,那个翅膀,大得像云彩似的,把天都遮住了,你说这个鹏有多大。这么大的一个鹏,飞得也远,洋流运动的时候,就飞到南海去。这也是对鱼类和鸟类迁徙行为的一个联想。体形大的动物,活动范围就广。

蜩与学鸠,就是蝉和小鸟,就笑话这个鹏了。笑话什么呢?它们说:"我们攒了劲飞起来,大不了也就撞到树枝上。有时候还撞不上,掉到地上了。你还飞九万里,飞九万里干吗呢?"

这种人我们在生活中经常遇到。自己念了个野鸡大学,托关系在县城当了个公务员,过年聚餐的时候就开始指导你了。说我念个野鸡大学,老师考试前给答案,我还背得死去活来呢,你没事考什么北大啊,念什么博士啊。他的意思是,我念这个还这么累呢,你念北大得累成什么样啊!他完全忽略了个体差异,他念野鸡大学这么累,可能你念北大没这么累,就捎带手的事。他也不理解,念了北大能怎么样。我现在当个县城公务员,挺知足的了,再好还能好到哪儿去?有些事,对你是有意义的,但是他无法理解。就像我是学生的时候，出去玩，觉得有个地下室住一住就挺好的了，非得住高级宾馆能怎么样啊？等我住得起高级宾馆了，我就觉得，还是高级宾馆好。只不过在我消费不起高级宾馆的时候，高级宾馆的这点好处对我是没意义的。念书也是，还是上北大好，还是上博士好，但是如果智力达不到这个水平的话，这点好处对你是没有意义的。

所以庄子说，"小知不及大知，小年不及大年"。生命短的生物，不知道生命长的生物经历了什么。智慧低的生物，不知道智慧高的生物在想什么。庄子举了两个例子。仅活一天的蘑菇，没法理解月亮运行的概念，因为它没有活到十五天的经验，也就不知道你琢磨这个干吗。仅活一个季节的蟪蛄，也就没法理解春秋的概念。这是所谓的"小年"，就是生命短的生物。生命长的生物呢？比如说冥灵这种生物，活五百年才相当于我们活了一个春天，再活五百年，相当于我们活了一个秋天。它的命太长了，那它的时间观念跟我们是没法一样的。还有更长命的，上古的椿树，以八千岁为一春，八千岁为一秋。这叫"大年"。彭祖说活了八百岁，跟这种命长的比，那就不算个事了。就是说，你不要以为彭祖活得长，就拿他当命长的样板，说活得长的都怎么样怎么样。人家有活得更长的呢，长到跟你不是一个量级的。你要用彭祖的经验去讨论冥灵和椿树的时间观，那肯定是有问题的。就好比说,有人考个野鸡大学,可能比文盲是有文化。但是你要根据这个野鸡大学毕业生的经验,去讨论高学历的人怎么样怎么样,那是不对的。人家还有北大的呢,还有剑桥的呢。你用野鸡大学的经验,去想象北大的经验、剑桥的经验,那是想象不了的。你要是见了一个野鸡大学的毕业生,就说"读书人也不过如此",然后劝人不要去读北大、读剑桥,那你就贻笑于大方之家了。

所以我们看,庄子是站在谁的立场上的?是站在小鸟的立场上吗?他是站在大鸟的立场上的。他转述小鸟的话,不代表他认同小鸟的话,因为小鸟的话一看就是错的,让我们一看就烦。

有的鱼是永远关不住的

实际上，在大多数情况下，我们会安于我们固有的状态。但是总有一些生命，会突破原有的限制，去追求新的可能性。小的总有一天要变大，水里的鱼总有一天要上岸，树上的古猿总有一天要下地，这才有了生物进化。虽然这都是小概率事件，但是总是会发生的。

为什么总是会发生呢？因为变大是有好处的，变大可以获得自由。追求自由是要付出代价的，但是生命总是要去追求自由。不是所有的生命都追求自由，但是只要你是生命，就总有一定概率去追求自由。因为你是活的，是活的就有管不住的时候，否则就不能叫活的了。

我很喜欢一个国产动漫电影，叫《大鱼海棠》。这里面的设定就用了很多《逍遥游》的元素。比如男一号变成的大鱼就叫"鲲"，女主角叫"椿"。这个电影上来第一句话就是："有的鱼是永远关不住的，因为他们属于天空。"说的也就是这个意思。椿本来生活在海底，是一个非常封闭的世界，但是总有一天，会有像椿这样的人，突破海与天之间的结界，从海里跑到陆地上去。突破结界的代价是巨大的，是很多人觉得不能接受的，包括这个电影出来也有很多人骂，觉得椿这样做，牺牲太大，不值得。但是，总有一定几率，会有人去做这样的事。鱼总有一天会变成鸟，鲲总有一定几率会变成鹏。我们现在这个世界的存在就是证明。

变大这件事，本身有着永恒的魅力。很多生命出于其他的考虑，放弃了变大，但是我们看到，比较大的生命总是能获得更多的关注。生命实际上是不平等的，总有一些生命获得更多的关注，这是没办法的事。比如很多小孩子都对恐龙感兴趣。地质史上有无数物种都灭绝了，但不是所有灭绝的物种都能得到恐龙这样的关注。无非是因为恐龙比较大，比较吸引眼球，小孩子一进博物馆就会被震撼。如果一种小耗子灭绝了，大家就不会那么关心。有人说恐龙长那么大有什么用，还不是灭绝了。但是只有这么大的动物灭绝了，你才会知道，小动物灭绝了，你压根不会知道，并不是小动物就不会灭绝了。我是学生的时候，学校里有一个女生跳楼了，在媒体上炒得很热。最初大家主要是惋惜，说这么好的一个女孩跳楼了，好可惜。后来当然就按照大家熟悉的程序，舆论慢慢变了味了。先是说一个北大的女生为什么要跳楼呢？然后说上了北大有什么用，还不是要跳楼？最后说上了北大有什么用，越是北大的越要跳楼，北大的都跳楼去了。其实北大的自杀率并不高于北京市的平均值。就在这个女生跳楼的那天,我们楼有一个退休老太太也跳楼了,但是从来没有人报道她。同样是跳楼,北大女生就比退休老太太得到的关注大。这没有办法,人性就是更乐意关注北大女生,不乐意关注老太太,就像你就是爱吃糖吃脂肪,不爱吃蔬菜一样,这不是高喊两句"平等"就能解决的。并不是考上北大增加了跳楼的几率,而是考上北大增加了跳楼以后得到关注的几率。

当然,关注度不是我们想要的,关注度对我们自己来说是可有可无的,你关注度高只能说明潜在想成为你的人多。想成为你的人多,说明成为你是有好处的。哪怕有人说,你一个女孩子念到博士有什么好,可是你说这句话,本身就说明你关注到我了,说明成为我还是有好处的。大的东西关注度高,说明还是大的东西有让人羡慕的地方。

那么我们变大,真正能收获的好处是什么呢?我认为是,自由。

有一个著名的鸡汤段子,说一个渔夫躺在沙滩上晒太阳。这时候过来一个度假的富翁,说你干吗不去努力工作啊?渔夫说,我努力工作干什么呢?富翁说,可以挣钱啊。渔夫说,我挣那么多钱干什么呢?富翁说,你有了钱就可以舒舒服服躺在沙滩上晒太阳了。渔夫说,那我不是正在晒太阳吗?

这个故事听起来很让人高兴,我不努力工作挣钱,也可以躺在沙滩上晒太阳;富人那么有钱,也无非是躺在沙滩上晒太阳。但这里很容易忽略一个问题,富翁来沙滩上是度假的。他今天在这里晒太阳,明天玩腻了就走了,就跑到原始森林里探险去了。他因为有钱,所以有更大的自由度,可以在北海玩两天,再飞到南海玩两天。在海滩上晒太阳只是选择之一,是他生命经验的一小部分,他的人生可以有各种各样的经验。而渔夫就没有这样的自由,他只能在海滩上晒太阳,晒腻了也没有别的地方可以去,他不能去原始森林探险,也不能在大都市里声色犬马,也不能跟西方记者谈笑风生。因为没有钱,他生命的自由度就小多了。自由度小,也可以获得美好的体验,但是这个体验就是你的唯一了。再美好的东西,光美好不丰富,天天如此,也就不美好了。

这里说钱,是打个比方。有钱只是提高自由度的方式之一,但并不是唯一的方式。比如说,我们读书,也是提高自由度的一种方式,往往比挣钱更有效。比如说,你今天可以在这里听古典文学,明天就去另一个课堂上听量子物理了,这就是一种自由,很多人可能永远没有这样的生命体验。有人在县城里做一个小公务员,整天琢磨怎么伺候领导,也可以活一辈子,可能活得还比你长,但是他的生命体验就没你丰富。

比如说我，我做一名北大的老师，生活就很丰富。我今天讲讲《逍遥游》，明天就去写论文了，后天就去写诗了，大后天就去哪做文化考察了。那我做这个工作，除了工资待遇以外，更重要的收获就是这种精神上的丰富。如果现在提高我的收入，让我去做一个月嫂，那我是不肯干的。我不是鄙视月嫂，月嫂肯做我不肯做的工作，这是很大的牺牲，我是很敬佩的。为什么我不愿意做月嫂呢？就是这份工作没有现在这样的自由度了，生活不像现在这样丰富了。有人说做月嫂也可以一边做家务一边读唐诗，你现在做这个工作也不过是读读唐诗，其实我的工作除了读读唐诗，还有各种各样的其他选择。不能说因为月嫂跟中文系教授都可以读唐诗，就说月嫂和中文系教授是一样的。

动物为什么注定要变大呢？因为变大就可以获得更大的活动范围。小家鼠，体重只有10多克，它的活动范围就是30～50米；褐家鼠体重100多克，活动范围就是100～150米；猫体重3千克，活动范围就达到2.5千米。那么更大的动物，麋鹿体重达到100千克，迁徙范围就可以达到5000千米；要是灰鲸，体重达到35吨，迁徙范围就可以达到2万千米。这是因为地球没那么大，要是再大点，它的迁徙范围还能大。要是大得像鲲鹏那样，就是传说中的"地球盛不下你了"。体形越大，活动范围越广，自由度也就越高。当小鸟不好吗？为什么非要变成大鹏呢？因为我想去更远的地方。

可能你会不想去更远的地方，但是总有人会。所以在生物进化史上有一条"科普定律"："在一个哺乳动物支系的进化过程中，其体形最终会趋于变大。"变大这件事，是早晚会发生的。

所以在我们这个世界上，存在过和存在着各种形态的大型哺乳动物。像巨猿、草原野牛、大角鹿、高骆驼、南方象，这些都是新近世存在过的大型哺乳动物。大有大的好处，大也有大的难处。

大有什么好处呢？比如在求偶过程中，大的就占便宜。只有1/10的雄性象海豹能获得交配权，在这个殊死的求偶斗争中，体形大的就占便宜。人类到现在还是有这个潜意识，很多女孩子还是相对喜欢高个子的男孩子。体形大在求偶过程中有优势，留下后代的可能性也就更大，体形大的基因不断积累，就会导致这个物种的体形变得越来越大。

当然，人类的生存策略不是追求体形大，我们是追求智商高。智商的变高，跟象、海豹的体形变大，效果是一样的，也是一种变大。

又比如，体形大在生存斗争中也可以获得优势。像非洲水牛，因为体形大，就可以把狮子撵得到处跑。比起小动物，它们就不那么担心被狮子吃掉。在治安不好的地方，一个 1.6 米、80 斤的女孩子，晚上出门就会很担心，但是一个 1.9 米、200 多斤的壮汉，出门就不怎么担心。

相对来说，肉食动物又是有优势的。水牛撵狮子那是极端情况，因为水牛体形太大了。如果是肉食动物体形比它的猎物大的话，肉食动物是有明显的优势。蒙古人有一句话，说"羊也可怜，狼也可怜"。肉食动物也不容易，它的猎物也不容易，羊千方百计不想被狼吃掉，狼千方百计要吃到羊。大家都要为生存而斗争。但是，羊和狼谁更不容易一点呢？其实还是当狼的稍微容易一点，羊更不容易一点。

有一个鸡汤段子说：羚羊妈妈教育小羚羊说，你一定要跑得快，如果你跑不过最快的猎豹，你就会被吃掉；与此同时，猎豹妈妈教育小猎豹说，你一定要跑得快，如果你跑不过最慢的羚羊，你就会饿死。看起来是说，猎豹和羚羊都不容易，都要拼命地奔跑，否则就会丢命。从这个意义上看，好像猎豹和羚羊是平等的。其实你仔细想想，还是不一样的。羚羊是不可以失手的，它只要有一次没跑赢猎豹，它的命就没了，没有下次改进的机会。但是猎豹是可以失手的，它偶尔一次没追上羚羊，不过是少了一顿肉，不是马上就饿死的。只要它在饿死之前有一次能追上羚羊，就不会被饿死了。猎豹是不会失手一次就丢命的。所以比起羚羊来，猎豹的生存还是容易一点，成为猎豹还是有它的好处。

那就再变大一点吧!

大也有大的负担。比如说,大的体形就需要更大的生存空间。但是生存空间是战斗得来的,房子是买来的,房价很贵的。我当学生的时候,几平方米的宿舍,住四个人,睡上下铺,一张窄窄的床,就住得很开心。但是现在,我就需要一个人占据一个八九十平方米的单元,需要放书,需要按照自己的需要调空调温度,需要一个人睡一张大床,需要有一个大办公桌,开着公放音乐工作。偶尔回父母家住一宿,就觉得受不了。需要的空间大了,生活成本也就高了。

又比如说,体形变大,会导致繁殖力减退。耗子那么小,一生就生一窝,生完不到两天又生。但是大象那么大,一胎就只能生一个,生完以后四年不发情,就专心带这个孩子。大象的繁殖力就赶不上耗子。因为大的动物养育一个后代付出的成本大。养一只耗子没有多少成本,养一头大象就要付出很大的成本。

《庄子·逍遥游》里也讲到鲲鹏的局限性。鲲鹏是靠拍打水的反作用力,乘着微风,飞到天上的。它虽然主要是靠自己的努力,依靠外界的条件很少,但是终究还是要依靠外界的条件的,它还是"有待"的,要有所依靠的。鲲鹏飞到天上以后看到的是什么景象呢?它看地的颜色,跟我们看天的颜色是一样的。这是庄子展开的一个合理想象了。庄子说,我们看天的颜色是蓝的,是"苍苍"的,并不是天就真的是这个颜色,而是因为离的地面比较远,看起来就是这个颜色了。所以鲲鹏飞在天上,看我们的大地,也是这个颜色,因为离得是一样的远。

说这个的意思是,从上往下看,跟从下往上看,效果是一样的,因为离得远,所以都看不清楚。"麻瓜"看巫师,跟巫师看"麻瓜",是一样的,都是不了解,不清楚。这就是庄子的齐物思想了。他看我跟我看他,是一样的,他看我觉得我三观不正,我看他也必然一样觉得他三观不正,这叫齐物。而并不是说,我跟他的生活真的是一样的,真的有一样的三观。庄子不认为人和人是一样的,所谓齐物,就是你这么看他,他也是这么看你的。

那么鲲鹏飞起来是要依靠微弱的外界力量的,在这一点上,它跟其他的生物是一样的,这就是齐物。只不过它对外界的依赖小,活动的范围大,这一点是逍遥,不是齐物。

根据齐物的原理,大的东西的运行原理,是可以拿小的东西来类比的。我们讨论科学问题的时候,经常用到建立模型的方法,就是根据这个原理。天隔得太远了,你看不清;

大的东西跟你差距太大了，你不了解，怎么办呢。我们根据齐物的原理，用小的东西来类比。大的东西遇到的困难，你不了解，我们就拿小的东西遇到的困难来类比。

拿个小水盆，放一个小船在里面漂，如果水不够的话，小船就漂不起来。同样的道理，大船行进在江河湖海上，如果江河湖海的水不够的话，大船也是漂不起来的。鲲鹏在天上飞，如果风给它的支持不够，它也是飞不起来的。这就是鲲鹏有可能遇到的烦恼。就好像你变成了北大教授，但是社会的经济文化基础不足以给北大教授足够的支持的话，北大教授可能会买不起房子，养不起孩子。只有风给的支持够了，鲲鹏才可以往南海飞。

这就是大的烦恼，体形大了，对周围环境的要求就高了，就会怕周围的环境不给支持。就像鲁肃跟孙权说的，要是投降曹操，我们在这边做什么官，到那边还做什么官，可是老板您就不一样了，您去了总不能还当老板。如果社会有变革，地位低的人是无所谓的，过去没钱吃饭，现在还是没钱吃饭，但是地位高的人，改变就比较大。这就是"有待"。

庄子说，社会上一些小有成就的人，其实都跟蜩与学鸠是一样的。那些在一个单位里专业技术最牛的，在一个微博圈子里是意见领袖的，或者在某个县城当了科级公务员的，他们都自视甚高，觉得我的经验就是经验了，我已经是混得最好的人了，比我再高都不值得混了。他们看高人，就跟看天一样，苍苍茫茫的，看不清楚。

所以这个世界上有比他们高的高人，宋荣子，就笑话他们了。宋荣子的地位，就相当于鲲鹏。宋荣子这个高人，是什么样的人呢？其实这就是庄子理想中比较好的人。全世界都称赞他，他也无所谓；全世界都谴责他，他也无所谓。宋荣子很清楚，什么是他要的，什么是身外之物；他也看穿了什么是荣，什么是辱。庄子说，像这样一个人，已经很可以了。他没有斤斤计较于世界上的那些破事。

但是，宋荣子也"犹有未树也"。他也有没有达到的东西。他比那些社会上的牛人强一点，但是他还是不完美。就好像鲲鹏一样，多少还要击水，还要等待微风，才能飞起来。

庄子说宋荣子不完美，不是否定他的那些品质。他的那些品质，是庄子肯定的。宋荣子就相当于《天龙八部》里的萧峰，虽然最后说他不是天下第一的高手，但是写的时候，就是把他当天下第一的高手来写的，他所有的品质，都是天下第一高手的品质。

那么，宋荣子不够完美怎么办呢？大有大的难处，怎么办呢？是不是我们重新变小呢？庄子的策略不是这样的。庄子说，大有大的难处，那我们就变得更大，就没有难处了。

宋荣子不够完美，我们就变成比宋荣子更强的人。

谁比宋荣子强一点呢？列子。列子可以御风而行，乘着风飞起来。这是神仙了。他根本不在乎怎么能得到好处。这个话，跟说宋荣子的话是互文的。不在乎好处，也就是不在乎这个世界。

但是即使是这样的人，还是有"所待"的，还是要依赖外在的环境，还是有烦恼，这个烦恼，是属于强者的烦恼。所以列子还是不完美的。列子就相当于萧远山，比萧峰强，但还是不是第一高手。

真正的第一高手什么样呢？"乘天地之正，而御六气之辩，以游无穷者"，乘着天地的正道，按照大道走；统御着世间各种各样的气，能灵活运用各种小道，而到无穷的世界去游历。这是绝对的自由，不是光在一个海滩上晒太阳，是想去哪儿就去哪儿。这是几句废话，完全没有一个具体的执行方案。不像刚才说宋荣子，都是有非常实际的表现。庄子说，达到了这个境界，就不再"有待"了，就达到真正的自由了。这个境界，就是终极的逍遥。但是这只是一种宗教式的理想。这就相当于《天龙八部》里的扫地神僧，虽然是最厉害的存在，但是只是作为一个概念存在，实际上没有什么戏份的。

庄子认为，最好的境界是，"至人无己，神人无功，圣人无名"。最顶着天的人，最绝的人，是不在乎自我的；次一等的，没那么绝的，神人，是不在乎功业的；再次一点的，圣人，是不在乎名誉的。扫地神僧不在乎自我，萧远山不在乎功业，萧峰不在乎名誉。在现实中，我们不奢望成为扫地神僧，成为萧峰就已经很好了。

最后要说明一下逍遥和齐物的关系。《庄子》的第一章讲逍遥，第二章讲齐物。有人说，庄子的思想是矛盾的。因为他认为，齐物讲的是平等，而逍遥是不平等的，讲的是大的比小的强。我觉得这是对齐物有误解。齐物讲的不是平等。逍遥是第一章，齐物是第二章，齐物是在逍遥基础上的齐物。好比你跳到半空中，比地面上的一切都高了，下视九州，不见长安见尘雾，这时候在你看来，广东跟河南没什么区别，这叫齐物。在跳到空中之前，光在河南住着，会觉得广东跟河南有很大区别。只有逍遥了，才能齐物。这个讲的不是广东跟河南是平等的，而是讲的一个"麻瓜"和另一个"麻瓜"没有太大的差别，虽然他们之间有很多不同，但是这种不同是可以忽略的，这是齐物。但这并不是说，"麻瓜"跟巫师是平等的。巫师是逍遥的，是在"麻瓜"之外的。所以说，齐物和逍遥是统一的，庄子是讲逍遥的，不讲平等。

六朝　艺人的歌唱

《孔雀东南飞》：南朝的《双面胶》

汉末建安中，庐江府小吏焦仲卿妻刘氏，为仲卿母所遣，自誓不嫁。其家逼之，乃投水而死。仲卿闻之，亦自缢于庭树。时人伤之，为诗云尔。

孔雀东南飞，五里一徘徊。
"十三能织素，十四学裁衣。十五弹箜篌，十六诵诗书。十七为君妇，心中常苦悲。君既为府吏，守节情不移。贱妾留空房，相见常日稀。鸡鸣入机织，夜夜不得息。三日断五匹，大人故嫌迟。非为织作迟，君家妇难为。妾不堪驱使，徒留无所施。便可白公姥，及时相遣归。"

府吏得闻之，堂上启阿母："儿已薄禄相，幸复得此妇。结发同枕席，黄泉共为友。共事二三年，始尔未为久。女行无偏斜，何意致不厚。"

阿母谓府吏："何乃太区区！此妇无礼节，举动自专由。吾意久怀忿，汝岂得自由。东家有贤女，自名秦罗敷。可怜体无比，阿母为汝求。便可速遣之，遣去慎莫留。"

府吏长跪告，伏惟启阿母。今若遣此妇，终老不复取。

阿母得闻之，槌床便大怒："小子无所畏，何敢助妇语。吾已失恩义，会不相从许！"

府吏默无声，再拜还入户。举言谓新妇，哽咽不能语："我自不驱卿，逼迫有阿母。卿但暂还家，吾今且报府。不久当归还，还必相迎取。以此下心意，慎勿违吾语。"

新妇谓府吏："勿复重纷纭。往昔初阳岁，谢家来贵门。奉事循公姥，进止敢自专？昼夜勤作息，伶俜萦苦辛。谓言无罪过，供养卒大恩。仍更被驱遣，何言复来还。妾有绣腰襦，葳蕤自生光。红罗复斗帐，四角垂香囊。箱帘六七十，绿碧青丝绳。物物各自异，种种在其中。人贱物亦鄙，不足迎后人，留待作遗施，于今无会因。时时为安慰，久久莫相忘。"

鸡鸣外欲曙，新妇起严妆。著我绣夹裙，事事四五通。足下蹑丝履，头上玳瑁光。腰若流纨素，耳著明月珰。指如削葱根，口如含朱丹。纤纤作细步，精妙世无双。

上堂拜阿母，阿母怒不止。"昔作女儿时，生小出野里。本自无教训，兼愧贵家子。受母钱帛多，不堪母驱使。今日还家去，念母劳家里。"却与小姑别，泪落连珠子。新妇初来时，小姑始扶床。今日被驱遣，小姑如我长。勤心养公姥，好自相扶将。初七及下九，嬉戏莫相忘。出门登车去，涕落百余行。

府吏马在前，新妇车在后。隐隐何甸甸，俱会大道口。下马入车中，低头共耳语："誓不相隔卿，且暂还家去。吾今且赴府，不久当还归。誓天不相负。"

新妇谓府吏："感君区区怀！君既若见录，不久望君来。君当作磐石，妾当作蒲苇。蒲苇纫如丝，磐石无转移。我有亲父兄，性行暴如雷。恐不任我意，逆以煎我怀。"举手长劳劳，二情同依依。

入门上家堂，进退无颜仪。阿母大拊掌，不图子自归："十三教汝织，十四能裁衣，十五弹箜篌，十六知礼仪，十七遣汝嫁，谓言无誓违。汝今何罪过，不迎而自归。"兰芝惭阿母："儿实无罪过。"阿母大悲摧。

还家十余日，县令遣媒来。云有第三郎，窈窕世无双。年始十八九，便言多令才。

阿母谓阿女："汝可去应之。"

阿女含泪答："兰芝初还时，府吏见丁宁，结誓不别离。今日违情义，恐此事非奇。自可断来信，徐徐更谓之。"

阿母白媒人："贫贱有此女，始适还家门。不堪吏人妇，岂合令郎君。幸可广问讯，不得便相许。"

媒人去数日，寻遣丞请还。说有兰家女，承籍有宦官。云有第五郎，娇逸未有婚。遣丞为媒人，主簿通语言。直说太守家，有此令郎君，既欲结大义，故遣来贵门。

阿母谢媒人："女子先有誓，老姥岂敢言。"

阿兄得闻之，怅然心中烦。举言谓阿妹："作计何不量。先嫁得府吏，后嫁得郎君。否泰如天地，足以荣汝身。

不嫁义郎体,其往欲何云?"

兰芝仰头答:"理实如兄言。谢家事夫婿,中道还兄门。处分适兄意,那得自任专。虽与府吏要,渠会永无缘。登即相许和,便可作婚姻。"

媒人下床去,诺诺复尔尔。还部白府君:"下官奉使命,言谈大有缘。"府君得闻之,心中大欢喜。视历复开书,便利此月内,六合正相应。良吉三十日,今已二十七,卿可去成婚。交语速装束,络绎如浮云。青雀白鹄舫,四角龙子幡。婀娜随风转,金车玉作轮。踯躅青骢马,流苏金镂鞍。赍钱三百万,皆用青丝穿。杂彩三百匹,交广市鲑珍。从人四五百,郁郁登郡门。

阿母谓阿女:"适得府君书,明日来迎汝。何不作衣裳,莫令事不举。"

阿女默无声,手巾掩口啼,泪落便如泻。移我琉璃榻,出置前窗下。左手持刀尺,右手执绫罗。朝成绣夹裙,晚成单罗衫。晻晻日欲暝,愁思出门啼。

府吏闻此变,因求假暂归。未至二三里,摧藏马悲哀。新妇识马声,蹑履相逢迎。怅然遥相望,知是故人来。举手拍马鞍,嗟叹使心伤:"自君别我后,人事不可量。果不如先愿,又非君所详。我有亲父母,逼迫兼弟兄。以我应他人,君还何所望。"

府吏谓新妇："贺卿得高迁。磐石方且厚，可以卒千年。蒲苇一时纫，便作旦夕间。卿当日胜贵，吾独向黄泉。"

新妇谓府吏："何意出此言。同是被逼迫，君尔妾亦然。黄泉下相见，勿违今日言。"执手分道去，各各还家门。生人作死别，恨恨那可论。念与世间辞，千万不复全。

府吏还家去，上堂拜阿母："今日大风寒，寒风摧树木，严霜结庭兰。儿今日冥冥，令母在后单。故作不良计，勿复怨鬼神。命如南山石，四体康且直。"

阿母得闻之，零泪应声落："汝是大家子，仕宦于台阁。慎勿为妇死，贵贱情何薄。东家有贤女，窈窕艳城郭。阿母为汝求，便复在旦夕。"

府吏再拜还，长叹空房中，作计乃尔立。转头向户里，渐见愁煎迫。

其日牛马嘶，新妇入青庐。奄奄黄昏后，寂寂人定初。"我命绝今日，魂去尸长留。"揽裙脱丝履，举身赴清池。

府吏闻此事，心知长别离。徘徊庭树下，自挂东南枝。

两家求合葬，合葬华山傍。东西植松柏，左右种梧桐。枝枝相覆盖，叶叶相交通。中有双飞鸟，自名为鸳鸯。仰头相向鸣，夜夜达五更。行人驻足听，寡妇起彷徨。多谢后世人，戒之慎勿忘。

背景：这两家是干什么的

《孔雀东南飞》，最早出现在文本里的标题是《古诗为焦仲卿妻作》，这个题目太麻烦，所以后来我们取它的第一句，叫《孔雀东南飞》。因为它是乐府，乐府本来就没有题目，本来就可以拿一句当题目。《古诗为焦仲卿妻作》的"为焦仲卿妻作"相当于副标题，它的题目就是《古诗》，其实就是没有题目。

这首乐府大家都学过，有人说它是建安时代的，其实我们能确定的只是，建安是《孔雀东南飞》描述的时代，也就是说，这首诗的创作年代不可能早于建安。有没有可能晚于建安呢？到目前为止，我们见到的最早收录《孔雀东南飞》这首诗的，是南朝萧梁编的《玉台新咏》，到陈朝才编好。所以现在我们只能证明南朝后期有《孔雀东南飞》，没有办法证明更早的时间有。不能因为它写的是建安，就说它是建安时候写的，我们现在还写《大秦帝国》呢。所以，《孔雀东南飞》的创作年代，从建安到南朝后期，都有可能。

我比较倾向于是南朝的作品。第一，它直接写到了"建安"，这样我就不敢相信是建安了，因为后世的人太容易因为这一句话误会成建安写的了。第二,它里面对女性的描写,那种铺陈,有宫体诗的特点。第三,它反映的社会意识,可能更像贵族社会的意识。这三个疑点都不是切实的证据,只能说,建安说是值得怀疑的。

文艺批评有个原则,就是"重要的不是故事讲述的年代,而是讲述故事的年代"。同样一个时代的故事,不同的时代来讲,就有不同的讲法。同样一个时代,不管讲哪个时代的故事,讲出的都是当下这个时代心里的事。所以,这个故事是哪个时代在讲,就是在讲哪个时代心里的事。

从建安到梁陈,这是一个贵族社会,贵族社会人们心里的事是什么?很重要的一个,就是身份的焦虑。到底谁的身份才是高的,贵族会怎么做事,庶人会怎么做事,还有就是,贵族和庶人能不能在一起做事,更进一步,能不能结婚。这是这个时代的人在思考的。《孔雀东南飞》就产生于这个时代。说白了,《孔雀东南飞》是一个家庭伦理剧,就是那个时代的《双面胶》。

《孔雀东南飞》的篇幅很长,我们也不得不用一个很长的篇幅来讲它,不妨将其理解为南朝的《双面胶》,也是一个电视连续剧,是由一个一个人物相同、时间连续的小故事连缀而成的。我把这个故事分成五集来讲。

讲这个故事之前,先介绍故事的背景和主角的人物设定。

我们原来讲《孔雀东南飞》，一般暗示焦母是统治阶级的代表，欺负贫寒人家的女儿刘兰芝。但是到底这两家的家境背景如何？焦母到底是怎么欺负刘兰芝的，刘兰芝是怎么反抗的呢？我觉得需要情商更高的打开方式。

这首诗开篇是一个铺叙。刘兰芝从小什么都会，十三能织素，十四学裁衣。这是乐府铺陈的方法，几岁干什么，几岁干什么，有一种娱乐性，背的人也好记。这种句式是夸人的句式，适合表现一个人的能干。这里面有互文的关系，不一定她就真是几岁能干什么，但是也差不多。织素是比较基础的劳动，裁衣就更需要创造性。弹琴念书就更需要脑子，更得岁数大点。她十六岁诵的诗书是《诗经》《尚书》，不是十六岁才念书识字。

她什么都会，首先是她个人本事大，也是暗示她家庭出身不错。我们今天爱说，素质是拿钱堆出来的。拿钱不一定能堆出素质来，但是很多素质，没有钱的支持也是不行的。如果是温饱有问题的家庭，是没办法支持女儿学这么多东西的。相当于我们今天，说一个女孩子，学历又高，工作又好，又会弹钢琴，又懂文学，这种女孩子肯定抢手。首先素质高，看着就舒服；其次能给家挣钱，过日子肯定好；而且说明她娘家的条件也好，只会给支持，不会拖累你。

学了这些之后，她就嫁给了焦仲卿。焦仲卿的职业是"府吏"。中古时代的官员是"举于吏"，他们做小吏，就跟我们上大学、读博士一样的，是接受高等教育的方式，也是进身之阶。真正意义上的"吏"，是跟"官"不一样的，比"官"低一个阶层，就是九品以下的官，所谓"不入流"的官。有才能的人，出身不错，做多少年的吏，就有希望转成"官"，就好比博士毕业转成讲师。还有一些"吏"，文化水平不高，相当于政府部门的基层办事员，那种"吏"是没有希望转成官的，最多是临退休给一个九品官，相当于科级干部，就算功成名就了，他的儿子可以在"官二代"的起点上继续奋斗了，于此他就很骄傲了，在老家人民心目中可算是大人物了。但是九品这个待遇，对于有文化的好人家孩子来说，只是事业的起点。

　　焦仲卿所属的阶层，应该是可以转成官的那种吏，甚至可能已经转成官了。低级的青年官员，也可以说是"府吏"的。"府吏"就是太守府的办事员。太守是五品官，他手下比他低的官吏，都可以叫"府吏"。焦仲卿的级别很可能是科级，撑死了是处级。按我们今天的说法，属于中产阶级的下层。如果他还没有转成官，将来也是会转成官，那就相当于在读研究生，是预备的中产阶级。

　　焦仲卿的老爸不知道是干什么的，焦仲卿家看起来不像门阀。我怀疑他老爸有可能就是从吏奋斗一辈子转成的官，属于那种从老家出来、被老家人民仰慕的存在。焦仲卿就在他老爸的基础上继续奋斗。

所以，刘兰芝的社会坐标应该是，好人家的女儿，职业女性，中产阶级的妻子，低配版官一代的儿媳妇。

第一集：提离婚

现在看这个故事的第一个场景。刘兰芝跟焦仲卿吐槽，说"君家妇难为"，让焦仲卿休了自己。用我们的话说，跟焦仲卿提离婚。我一直讲中国人的傲娇姿势，如果老婆跟你提离婚，你的第一个反应应该是什么？挽留。因为她有可能是傲娇。

提离婚就是傲娇吗？当然不是，有真离婚的。但是首先，一般来说，老婆提离婚，你出于礼貌，第一个动作一定是挽留。除非你也早就不想跟她过了，那可以借坡下驴，好好，离吧离吧。然后如果她后悔了要复合，你不想，这时候你就可以说：当初是你提的离婚。这是除非你早就讨厌你老婆讨厌得不行了，你正好借坡下驴。

如果不是的话，一般来说，你第一步无论如何要挽留。你再偷眼判断一下，她是真离婚，还是拿离婚要挟，有事要跟你说。如果是真离婚，你礼节性地挽留一下，说你很好啊，我是很爱你的啊，然后她说不行我坚决离，那你也得君子成人之美，大家好聚好散，分手还是朋友，不能耽误人家青春，也显示你自己是一个有绅士风度的人，不是离了这个人就不能活。如果她不是真离婚,那你就得会听,她是想跟你说什么,看看她的诉求你能不能满足,别傻乎乎地走离婚程序。

怎么看她是不是真离婚呢?就看她说不说离婚的原因。说原因的,就是谈条件,原因就是跟你谈的条件。不说原因的,就是真离婚。李密写《陈情表》,要拒绝新政权司马家请他出仕,就说是我奶奶不容易,一句都不提司马家有什么不好,一个劲说你是个好人,我感激涕零,这就是真离婚。要是真离婚,就坚决不能说原因,在我们这个高语境文化下,你说原因,对方就会认为你是在跟他谈条件,就会跟你谈,不会跟你离。所以你要想不给他任何谈条件的机会,就什么原因也不要说,或者说不是他的原因,比如我奶奶不容易,越让他无能为力越好。

一旦她说了具体原因,你就得知道,她是在谈条件,以离婚为要挟,希望你解决具体问题。刘兰芝就说了具体原因,说得很详细。这说明她是不想离婚的,是想让焦仲卿给她解决问题的。她说的也是真正的原因,因为她是要来解决问题的。但是这不等于说,她对这件事的表述是这件事的关键。

我们看她说的问题。"鸡鸣入机织,夜夜不得息。"我很勤奋地织布。大家不要想象古代的女性是没有工作,靠丈夫养活的。照当时的生产方式，可能女性的经济收入没法跟丈夫比，是得靠丈夫养活，但是这并不代表她会坐着不干活。虽然我挣得没你多，但是我也会尽我最大努力，去劳动，去给这个家提供支持，就算我的劳动价值低，我也是手脚不闲地干，这是我们中国女性的传统。我们知道古代是可以"纳绢代役"的，女子向国家提供纺织品，那她的丈夫儿子就不用去服徭役了。往小里说，这是对家庭的很大的贡献；往大里说，这也是代表家庭在给国家做贡献。而且当时，纺织品是非常重要的社会财富。中古时代，纺织品直接可以当钱用的。李白跟杜甫出去玩，喝酒没钱了，李白直接从杜甫身上撕一片衣服，就可以换酒喝了。所以说，女性的纺织也是家里重要的经济来源。

她不仅勤奋，而且真出活，"三日断五匹"。今天我们对此没有概念，应该是非常高的效率，相当于现在一个经济收入很高的女性。但是焦仲卿他妈还不满足，"大人故嫌迟"。现在也有这种情况，儿媳妇挣得明明很多，婆婆还嫌挣得少。这也是我们民族的传统，自古以来中国的婆婆就对儿媳妇有很高的期待。所以女同学不要觉得，在家做个贤妻良母，婆婆就会高兴了，婆婆还是更喜欢你给家里挣钱。当然，给家挣钱的同时做个贤妻良母，那是最好的，但是不挣钱，光做贤妻良母，没用的。

但是这话你还得从另一边听。这话是儿媳妇说的包括我讲的也得打折扣,因为我是做儿媳妇的,不是做婆婆的。设想一下,焦仲卿他妈"嫌迟",这话她是怎么说的。刘兰芝跟丈夫抱怨婆婆,这话只有夸张了说的,没有往回收着说的。刘兰芝是个有教养的人,但绝对是个自我意识很强的人。所以她说话会委婉着说,但在程度上肯定只会加不会减。实际上焦仲卿他妈这话说得肯定比这个要轻。不一定是责骂刘兰芝了,可能就是唠叨了两句。甚至有可能,因为刘兰芝比较能干,所以她对婆婆的期望也会高,她觉得我给家里织了这么多布了,婆婆应该表扬我,宠着我,结果可能婆婆也就说了个"这有什么呀",甚至可能只是表扬的力度不够,不符合刘兰芝的预期,就被她说成"大人故嫌迟"了。

那么,焦仲卿他妈是不是就抱怨过刘兰芝这一件事呢?刘兰芝织布这件事做得这么优秀,她干吗就摁着她做得最优秀的一件事来抱怨?所以大家听了就义愤填膺了,觉得这老太太真不懂事,儿媳妇都做得这么好了,你还要抱怨。更有可能的情况是,焦仲卿他妈抱怨了刘兰芝很多事,刘兰芝就挑了抱怨得最没道理的一件事来说。刘兰芝知道自己织布这件事绝对没得挑,所以拿这个说事是最好的。后面焦仲卿他妈说的就不是织布的问题,说的是她"举动自专由",这就说明她抱怨的不是织布一件事,在她看来织布也不是最严重的事。但是刘兰芝就不说婆婆抱怨她"举动自专由",因为这事不好量化,没有一个客观的标准。而且以刘兰芝的性格,你保证她没有一点"举动自专由"的事吗?所以刘兰芝不跟焦仲卿聊"举动自专由"的问题,只说"三日断五匹"的问题,这是刘兰芝的谈话技巧。

所以刘兰芝理直气壮地说:"非为织作迟,君家妇难为。"你能说我织布慢吗?你再找不到比我织布快的了。连这事都抱怨,说明不是我的问题,就是你们家的儿媳妇不好当。"君家",就是"你们家",这个表达很真实,老婆跟老公生气的时候,很容易用这个词,意思是我不是你们家人了。而且这个"你们家"里,隐隐地有一点门第意识。别人家都不这样,就你们家这样,说明你们家不好,暗含着对婆家门第的蔑视。所以说刘兰芝不是个受气媳妇的形象,"君家"两个字,就写出她的独立性。

在这种情况下,刘兰芝说:"妾不堪驱使,徒留无所施。"我伺候不了你们家人,没这个本事,留下来也没有用。我已经尽力了,还是没有达到你们家的要求,意思就是说,我没有改进的空间了,你不要指望说我哪里再改改了,要挽回这个婚姻,只能你妈改。这是无条件地谈条件。刘兰芝表示,不可能双方各让一步,只能你妈让一步,我只有离婚或不离婚这一个选择。所以如果人家说,"我已经尽力了",

你也得会听,她不是说自己能力差,而是说自己不可能让步了。

然后她说,"便可白公姥,及时相遣归"。你赶紧去跟公婆禀报,休了我吧。有人说这个"公姥"是偏义复指,说焦仲卿没有爹了。《孔雀东南飞》里没有明确说焦仲卿没爹,只是没出场,他妈跟他关系很密切,令我们感觉他可能没爹。但是中国的妈宝男不一定都没爹的,你怎么知道她不是丧偶式育儿呢?

离婚是儿媳妇提的,婆婆并没有提,这看得出来刘兰芝的个性是很强的。她话说得很客气,也很无情。你赶紧休了我,意思是我不在乎你休了我。这是有恃无恐的态度。

提离婚虽然是为了讲条件,但是你也得有底气,否则这一手弄不好要玩砸。因为提离婚,有一个风险是对方早就烦你了,就坡下驴说好,如果娘家再不能接着你,再嫁也不容易,如果你真得靠这个男人活,那就傻眼了。所以如果你要玩这手,要不你就确信丈夫对你的感情,要不就确定离婚后有退路,而且指望丈夫的感情是比较悬的,确定离婚以后有退路是比较保险的。

那刘兰芝有没有退路呢?如果她真的是寒门女,离了婚不能活,她玩这手就是不明智的。但是我说,刘兰芝娘家家底不错。这个后面慢慢分析。在这儿我先提示一点,刘兰芝姓什么呢？建安是什么朝代呢？皇帝姓什么呢？

有人说姓刘就说明她是皇室吗？当然不是。在小地方上，别说不是皇室，就算是皇室旁支，也跟中央政权没什么实际关系了。但是这其实给人一个暗示。就像《机器猫》里的小静，她叫源静香，这个"源"就是源氏物语的"源"，日本皇族的姓氏。《机器猫》里，源静香过的当然不是皇族的生活，就是地方上的小中产阶级，但是作者给她一个高大上的姓氏，意思她是个白富美，是那种理想中的、家境很好、本人也完美的女孩子。刘兰芝姓刘，这个人设大家也可以照着源静香想。相比之下，"焦"在汉朝就不是高门大姓，只出了一个写《焦氏易林》的焦延寿，其实就是个算卦的。焦家最多也就是殷实，不是门阀大族。

刘兰芝等于是说，你们家挑剔人，差不多就行了，我也不是任你们欺负的。我真一生气走了，算谁的？她是不想走的，但是要想不走，要想争取自己的权利，首先你得不怕走，有这个底气。

那么再说，焦仲卿对刘兰芝的感情靠不靠得住呢？靠得住，他没说"离吧离吧"，他赶紧跑去找他妈了。有人说你夫妻离不离婚，找你妈干吗？妈宝男。其实你得说，刘兰芝的诉求不是离婚，她是以离婚为威胁，想解决问题的。她的意思就是，你去说说你妈，别挑我了，要不我就离婚。所以焦仲卿去找他妈没有错。

焦仲卿跟他妈说,"儿已薄禄相,幸复得此妇"。说我这个人没有做大官的命,就是说,我也没有那么了不起,也就是做个中产阶级,升迁的希望不大了,顶多就是临退休混个厅局级。中古社会,突破阶层的希望是很渺茫的。焦仲卿是在外面做官的男人,他比较明白自己实际的社会地位。他的意思是说,我也没那么好,能娶到刘兰芝这样的,已经是幸运了,我也未必很配得上她,所以咱们可得珍惜啊,咱可别再挑剔了啊,真把人气跑了,就凭我一个府吏,可再也找不着这样的了。

焦仲卿说,这个媳妇可是我的结发妻子啊。"结发同枕席,黄泉共为友。""结发夫妻"的要求很高的,不是原配夫妻就叫结发夫妻的。"结发"就是把头发梳起来,就是古人的成人礼,结了发,才是大人,才可以结婚。"结发夫妻"就是刚一结发就结婚的夫妻,相当于现在刚到法定结婚年龄就领证。成年之后很多年才结婚的,就是头婚,也不叫结发夫妻。所以结发夫妻意味着是初恋,刚成人就结婚了,还来不及跟别人谈恋爱。"结发夫妻"是很宝贵的,两个人基本上还是孩子呢,就在一起了,这种感情跟那种挑来挑去最后年龄大了找一个人搭伙过日子的夫妻不是一回事。"结发同枕席,黄泉共为友"可能是当时的一句谚语,乐府就是这样，会在叙述中把当时的熟语插进来说明问题。当时的人认为，两个人刚一结发就睡在一起，这种关系是最牢固的，到死了也不会分开，到黄泉之下还是伴儿。这是中国传统观念里很值得羡慕的一种爱情关系。焦仲卿说，这可是我的结发妻子，是我一辈子的伴儿，是我要带到黄泉路上去的。

"共事二三年，始尔未为久。"本来是要黄泉共为友的，这才过了两三年，真给气跑了，不是太可惜了吗？"女行无偏斜，何意致不厚。"人家兰芝没有过错，您干吗不能厚道一点，非要挑剔人家？这是焦仲卿来解决刘兰芝提出的问题，让他妈厚道一点，别老无理取闹了。

第二集：谈崩了

结果焦仲卿他妈不同意，她说自己不喜欢这个儿媳妇，"此妇无礼节，举动自专由"。"举动自专由"是焦仲卿他妈掐的点，跟刘兰芝说的点是不一样的。那刘兰芝有没有"举动自专由"呢？清官难断家务事，这个问题没有一个客观的标准。但是可以肯定，刘兰芝不是那种没主见的小媳妇。有主见的人，你就是每一句都说好好好，领导也会不舒服的。

按照今天的标准，"举动自专由"不是一个缺点，什么都没主见的小媳妇才是讨厌的，尤其是会被丈夫讨厌的。我有一个理论，婆媳关系太好必然会导致离婚。你结婚是跟丈夫结，跟婆婆的关系，不能好过你跟丈夫的关系，如果婆婆跟丈夫发生矛盾，如果不是大是大非的问题，那么在婆婆和丈夫之间，你应该站在丈夫一边。因为儒家讲究爱有差等，丈夫才是你这一生最亲的人，如果没有丈夫，你根本不认识婆婆。最忌讳的就是妄想跟婆婆联手收拾丈夫。

我们灵长类本来是母系社会，母系社会很舒服，需要的能量比较低，母亲跟女儿搭伙过日子，一块带孩子，孩子都是自己生的，不用担心血统问题。母系社会过得好好的，为什么要进入父系社会呢？父系社会有很多弊端，所以必须要有一个特别大的好处，需要一个能量，才能进入父系社会。我思考的结果是，这个特别大的好处就是，婆媳可以互相制约。婆媳来自不同的文化背景，我们都是爱这个男人，都是为了这个男人好，在这个共同目标之下，我们的文化背景不同，视角不同，可以比较全面地对这个男人好。婆媳因为不是亲母女，相当于同事关系，所以互相会比较客气。亲母女没有那么客气，母女来自同一个文化，母亲容易包办女儿的人生，无法形成制约关系。结婚是人实现人格独立的一个契机，如果两代人之间，特别是两代女人之间不能互相制约，那么人格独立就无法完成了。所以，婆媳之间互相制约，互相客气，是父系社会存在的必要性。如果做不到这一点，儿媳妇不能制约婆婆，不能在婆婆面前保护自己的丈夫，就失去婆媳关系的意义了。如果婆婆对儿媳妇比母亲对女儿还专横，那我们就不如维持母系社会了。儿媳妇伺候婆婆，跟员工对老板是一样的，都属于"事君之道"。在没跟他散伙的时候，要尊重他的权威，实在不行了，是可以散伙的。所以，在这个前提下，你要对他形成制约，要对他"有犯无隐"。你不能姑息老板，因为你要为你的工作负责；你也不能姑息公婆，因为你要为你的丈夫负责。

但是，焦仲卿他妈不愿意接受儿媳妇的制约，她不甘心儿子在结婚后就人格独立了，她还希望儿子在她的掌控之下，儿媳妇作为儿子的附庸，也在自己的掌控之下。所以她不喜欢刘兰芝的"举动自专由"，把这个归结为"无礼节"。中古时代的人爱说"寒士无礼"，认为"无礼"是出身寒微的人的属性，说"无礼节"，就像我们今天说"家教不好"，是指向你的父母，指向你的家庭背景的。焦母说儿媳妇"无礼节"，有意无意等于也是说亲家母教得不好，这个说法透着一种优越感，认为亲家比自己家低。客观上是不是呢？我们不知道，反正她主观上是这么认为的。

焦母说得很霸气，"吾意久怀忿，汝岂得自由"。我看她不顺眼很久了，离不离婚能由你吗？就跟小二黑他爹的口吻是一模一样的。这是在耍家长的权威。

接着焦母又拉拢儿子说，媳妇有什么了不起的，离了妈再给你娶一个。"东家有贤女，自名秦罗敷。可怜体无比，阿母为汝求。"说那闺女可好了，长得可漂亮了。婆婆看别人家闺女比自己儿媳妇好。究竟好不好呢，会比刘兰芝好吗？其实难说。有的时候婆婆看媳妇，会带着功利的眼光，她不是客观地看这姑娘素质教养怎么样，女性魅力怎么样，而是看她能不能对自己温顺，能不能伺候自己的儿子，如果这样的话，她看上的媳妇很可能不是儿子喜欢的。另一个问题是，你看上人家闺女，人家闺女就能跟你儿子吗？当妈的容易觉得自己的儿子可好了，看上谁家闺女就是谁家闺女的福气，人家闺女就肯定能跟他。但是现实是骨感的，自然界的天道就是雌性选择雄性，任何一个男人都没法保证任何一个女人肯定会跟他。何况焦仲卿也不过就是一个府吏。焦母想着这个秦罗敷肯定能娶来，其实也不一定。现在的人也是，老以为离婚的男人是块宝，离婚的女人是棵草，其实未必。后来刘兰芝都说了好几个媒了，到了焦仲卿这边也没动静。你光坐这儿想，人家秦罗敷可好了，好也未必是你的。

焦母说，休了刘兰芝，咱娶个秦罗敷，你们赶紧离吧。结果焦仲卿郑重其事，长跪在地上说，要是休了刘兰芝，我这辈子也不再娶了。

士族的价值观，对男性的忠贞也是看重的，儒家第一课《关雎》，就讲"挚而有别"，不是专对女性说的，男性也得"挚"，儒家是主张一夫一妻制的。一个道德高尚的人，是不兴左一个小老婆右一个小老婆的。说有钱人三妻四妾，那主要是商人，像西门庆，有钱但没社会地位，可以不讲道德。有身份的士人若这样，是会被人看不起的，最多就是你无后为大了，娶个妾，有儿子的话就没借口了，不然连妾也不能娶，娶了会被说淫荡。焦仲卿说休了这个结发妻子，我就再也不娶了，体现的是士人的价值观。相比之下，焦母说你休了这个，我再给你娶个漂亮的，就显得庸俗了，体现的是庶人的价值观。这就说明，焦母出身的阶层并不高，她不是以一个士人的道德标准去要求儿子的。但是焦仲卿做着府吏，已经接受了比较高贵的道德观。

结果焦仲卿说完以后，焦母的反应是"槌床便大怒"。你看这个动作，绝对不是大家闺秀。要说"无礼节"，这才叫"无礼节"。这个描写，也透着第三人称叙述者对焦母的鄙视。这个动作就透露了，焦母原来的环境可能并不好，出身可能要比焦家更低微，所以她才会这么珍惜这个家，会觉得这个家高贵得不得了，自己给这个家生的儿子宝贝不得了。

焦母对焦仲卿代表的士人观念并不认可，她还是市井的庸俗观念，所以她说："小子无所畏，何敢助妇语！"你怎么敢替媳妇说话呢？这反映了当时的社会意识，比较低的阶层，反而重男轻女的思想更严重。士族衣食无忧，所以至少在表面上可以对女性温情脉脉。"槌床便大怒"的阶层生存资源紧张，要优先保障男性，所以才要把男女分那么清楚。

焦母坚决让焦仲卿离婚，理由是"吾已失恩义，会不相从许"。我反正已经得罪了刘兰芝了，所以不会让你们过下去的。她这么说也对，已经撕破脸了，以后怎么再做婆媳呢？不管谁对谁错，到这个份儿上，儿媳妇也提了离婚了，婆婆也提了下一个儿媳妇了，双方已经没法再相见了，不离也得离了。这个道理也很现实,已经得罪的人,就不要再试图挽回了。

刘兰芝其实是以离婚为威胁,来跟婆婆谈条件的。但是婆婆不跟她谈,理由是我已经把儿媳妇得罪了。其实说不定,这个婆婆也有委屈。刘兰芝说"妾不堪驱使",我没办法做到更好了。焦母说"吾已失恩义",其实也无非是我没办法做到更好了。从焦母的角度讲,她可能想,这个媳妇为什么要"举动自专由"呢?为什么就不能恭恭敬敬地孝顺我呢?首先,她没法理解士族的价值观,她不认同"举动自专由"的、制约婆婆的媳妇是好媳妇。其次,她是通过结婚提升阶层的,所以当初她做小媳妇的时候肯定是各种小心谨慎,但是刘兰芝的娘家比焦家只好不次,刘兰芝就没有这种谨慎的心态,不可能做到像婆婆当年那样。再有,刘兰芝对这个出身寒微的、动不动就"槌床便大怒"的婆婆,内心深处有没有一点看不起呢?有没有表现出来呢?有没有无意中哪句话让婆婆多心了呢?说不定从婆婆的角度,她也觉得,我已经很努力了,为什么这个儿媳妇不能给我足够的尊重呢?所以双方都觉得没有继续讨价还价的余地了。这就意味着,这个婚姻没法继续了。

所以焦仲卿"再拜还入户",只好默默地回去,"哽咽不能语",跟老婆说,谈崩了。按照传统的两性观,男孩子是个哭包,这是不好的,没出息的,你没有能力保护你的妻子,就会回来哭,这是传统的价值观看不起的。所以大家都觉得焦仲卿这个男人窝囊。他说:"我自不驱卿,逼迫有阿母。"不是我要休你啊,是我妈逼着我的。不是咱俩感情不好,是你跟我妈感情不好。

焦仲卿给出的解决方案是,咱们假离婚。"卿但暂还家,吾今且报府。"你先回娘家住一阵,我先上单位住一阵,等我妈气消了,我就接你回来。到时候就当是我出了个差,你回了个娘家,什么事也没有。焦仲卿是想先行离婚之实,避避他老妈的风头,但是不担离婚的名儿,以便事后可以挽回。

焦仲卿说,你给我个面子,退一步。说你受点委屈,回来还好好过日子。说你要乖啊,"慎勿违吾语",千万别不听我的话啊。

但是刘兰芝不同意,她很决绝,说"勿复重纷纭"。你别拖泥带水的了,你太幼稚了,你想想这可能吗?我们还可能在一个屋檐下做婆媳吗?我自从嫁到你们家,我已经尽了最大努力了。你妈说我"举动自专由",我哪敢呀,我从来没敢自作主张过。把婆婆对她的指控直接怼回去了。这里面婆媳俩的说法是彻底相反的。要不就是两个人有一个是睁着眼说瞎话,要么就是这两个人对"举动自专由"的标准定义不同。刘兰芝强调,自己"昼夜勤作息",辛勤工作,给家里创造经济价值。注意一开始刘兰芝说了"昼夜勤作息"的问题，而不是"举动自专由"，可能是"昼夜勤作息"她比较有把握，"举动自专由"这件事略心虚。焦母掐的是"举动自专由"的问题，没提"昼夜勤作息"的问题，说明她也知道这事上她不占理。

"仍更被驱遣，何言复来还。"刘兰芝说我都这么努力了，最后还是闹到被休了——其实不是被休，是你提离婚，人家同意了。当然，这么好的儿媳妇，提个离婚，婆婆就真同意了，也是让人很寒心的事。谁先提的不改变事情的性质，只改变事情的程度，刘兰芝就是把话说得略重了一点。这样都能休了我，还能指望分居以后再复婚吗？后来的事实证明，刘兰芝说得对，这个问题上，刘兰芝比焦仲卿要清醒。

刘兰芝说，既然离婚，就是真离婚，哪有假离婚的，咱们就分财产吧。我的嫁妆不要了，留给你，做个纪念吧。古代妇女没有工作，离婚不分家产，但是嫁妆要带走，这是中国的传统。传统社会里，嫁妆就是女性的私人财产。女孩子出嫁为什么要嫁妆呢？最初不是炫耀，那是属于她的一份家产。古时候女儿嫁了人就是别人家的人了，不参加娘家的生产劳动，所以父母死的时候，遗产没有女儿的份儿。但是父母的财产也有女儿一份，就是出嫁的时候给的嫁妆，因为女儿出嫁前还是这个家的人。所以女儿继承父母财产不是在父母死的时候，是在自己出嫁的时候。人都是功利的，嫁妆多的儿媳妇，婆家就会高看一眼，儿媳妇说话也硬气一点，这是必然会产生的现象。嫁妆的多少客观上成了儿媳妇的经济基础，但是这不是嫁妆的本意。

　　嫁到婆家去，嫁妆是属于儿媳妇的个人财产，不好随便动用的。所以《激情燃烧的岁月》里，石光荣要把褚琴陪嫁的缝纫机送给老家的人，褚琴就跟他急了，要离婚，周围共产党的干部都支持褚琴，因为传统上，动用媳妇的嫁妆是很不得了的事。要是谁在婆家困难的时候，把自己的嫁妆拿出来补贴婆家，那属于了不得的贤惠，相当于你在公司困难的时候，把自己的私人财产捐出来。所以要是离婚的话，嫁妆作为私人财产，怎么来的，怎么带走。如果婆家动用过，这时候要赔给人家。如果赔不起，那对不起，不能离婚。我们知道古代有七出之条，女子犯了七出之条，就要被休。跟七出之条相应，还有"三不去"，就是属于以下三种情况之一的，不许离婚。一是"与更三年丧"，给公婆戴过孝的，戴过孝就表明你是这家人了，跟儿子是一样的，没有把自己家儿子轰走的。二是"先贫贱后富贵"，她嫁到你们家的时候，你们家的经济状况比现在穷，那你富了以后，不能休妻。这是防备富了以后忘恩负义，嫌弃原配妻子的，而且先贫后富,也得说有妻子的功劳。三是"有所受,无所归",关于这句话有不同的解释,其中一种解释就是,男方接受了人家的嫁妆,现在赔不起,就不能离婚。根据这"三不去",只要结婚年头稍微长一点,想休妻还是挺不容易的。你要父母健在,不能比结婚的时候有钱,也不能比结婚的时候穷太多,不能赔不起人家的嫁妆,这个要求还是挺苛刻的。这三条犯了一条,就不能离婚,就算她犯了七出之条也不能离,"三不去"是高于"七出"的。

刘兰芝的嫁妆是很丰厚的,这里有一个铺叙,"物物各自异,种种在其中",应有尽有。有人说,铺叙是有夸张的,就算有夸张,也是说她的嫁妆多,不是少。这些都是她应该带走的。但是她说,这些我都不要了,留给你做个念想吧。她也不说是留着你也好度日,她是说给你做个念想。说"人贱物亦鄙",我这个人被你们休了,我这个人不值钱了,那按说我的东西也跟着不值钱了,嫁妆再多,相比你们也不稀罕了。这是一个傲娇的语气,她其实是说,我这个人被休了,嫁妆也没有留下的道理。并不是她表面说的"人贱物亦鄙",而是你本来就有义务还给人家。"不足迎后人",难道你还留着给下一个媳妇用吗?她这嫁妆净是女装,留下来也不能是焦仲卿穿,多半是会便宜了他的下任老婆了。她说是因为我是被休的,我这个人卑贱,不配拿我的东西给后面那位,她肯定嫌弃,其实是因为没有穿前任衣服的这个道理。她就相当于说,我想想后面那位也不能穿我的衣服,留着也是白留着。当然她这里也有一点女人的小心思,我的财产,留给心爱的丈夫可以,要是丈夫再娶了,就便宜了他的下任老婆,还是有点不甘心的。反正她也看不上,所以我还是希望你自己好好收着,不要拿出来给她。"留待作遗施,于今无会因",我只是留给你,因为我们以后没有理由再见了。"时时为安慰,久久莫相忘。"留给你是做个纪念,做个安慰,不要忘了我。

第三集：离婚女人有排面

　　到了走的时候，刘兰芝早早地起来"起严妆"，化了很精致的妆。这里又是一个铺陈，读起来非常漂亮，这是刘兰芝在告别的时候，把自己的绝世风华展现给婆婆看。她化浓妆，是一种示威。越是没有希望继续了，尤其是分手还不愉快，我越是要肆无忌惮地把我最美的一面展现出来，让你后悔。

　　她漂漂亮亮地去辞别焦母，焦母仍然"怒不止"，没有一点挽留。当然这个时候为了面子，她也只好继续维持生气的样子。我们看这时候刘兰芝的说辞。这时候一个人会说什么话呢？她会说我错了，您撵我撵得应该吗？她一定是会绵里藏针，嘲讽最后一次，我们看刘兰芝怎么嘲讽。

　　她说"昔作女儿时，生小出野里"，我是个出身寒微，在胡同里长大的野孩子。她真是这么长大的吗？如果把这句话理解成真的，以为刘兰芝的出身寒微，那就没看懂。如果这真的是她的劣势，是不会这个时候拿出来说的。这时候拿出来自贬的话，一定是她最有优势的地方。她在开始嘲讽的时候说自己出身寒微，就好比北大教授在嘲讽的时候会说自己是个文盲一样。这恰恰说明她出身并不寒微，在门第上有足够的自信。用最有自信的方面来自谦，有时候是一种碾压。比如说你踢球赢了对手，去跟人家握手，说我发挥得不好，这叫谦虚吗？这叫挤对人家。你明明是好人家的女儿，受到很好的教育，十五弹箜篌，十六诵诗书，你说你是"生小出野里"，你让别人怎么活？往往说这个话的时候，就是在暗示，在场的某些人，在出身上有劣势。

她这么说，其实是挤对她婆婆。你是个什么人，我还没嫌弃你呢，你倒嫌弃上我了。

"本自无教训"，父母没有给我好的教育。其实她的父母给了她很好的教育。她的意思是说，父母都教育过我，我是知道怎么按照礼教侍奉丈夫公婆的，你说我父母这样的人教孩子教得不好，是睁着眼说瞎话，挑剔得没道理。"兼愧贵家子"，嫁给贵家的公子，实在是配不上啊。意思是，你以为你们家的门第高，你这个儿子很好吗？刘兰芝的门第家教，配他们家这个焦仲卿其实绰绰有余了。你凭什么老觉得就你懂礼似的，老在这儿看不起人？

"受母钱帛多，不堪母驱使"，拿了你那么多钱，给你干不了活。这也是嘲讽，说明焦家娶这个媳妇，出的钱也不是很多，但还觉得自己可是出钱娶媳妇了。说"不堪母驱使"，刘兰芝明明干了那么多活，还说自己没能力干不了活，意思是说你的标准太高，没人能达到。这是在嘲讽，你们出这么一点钱，就想这么使唤人。

所以我不给你干了，"今日还家去，念母劳家里"，以后您老人家自己干吧。这里不是表示对老太太关心，是说你不好好哄我这干活的人，我撂挑子了，你看你怎么办吧。

这种地方，你要读懂，她是在嘲讽。她是因为门第高，在拿这个碾压别人，不能理解成她真的门第低。在现实中也是，如果有女生拒绝你，理由是你太优秀了，千万别当真的听，千万别说，没事我不嫌弃你，或者那你就好好努力吧，这都是情商低的表现。她的意思是，你太不优秀了，而且相对于你的才能，你的态度太狂了，她不想再跟你谈了，没商量了。

对焦母，刘兰芝是极尽嘲讽，但是跟小姑子告别的时候，她是动了真感情的。跟婆婆，她一滴眼泪也没掉，但是在小姑子这儿，"泪落连珠子"。咱们一码归一码，你妈不好那是你妈的事，咱俩有交情。所以说姑嫂之间，不一定都是明争暗斗，是可以有很好的感情的。古代的民间乐府里，有不少姑嫂关系好的佳话。爱小姑子，其实也是变相地爱丈夫。她跟丈夫赌气，不能跟丈夫说的话，这时候可以换一个方式，跟小姑子毫无顾忌地说出来。她表示会想念小姑子，其实还是会想念丈夫。

她说我刚来的时候，你才刚长到沙发扶手那么高，现在我要走了，你已经长到快有我高了。小孩子的成长，特别是半大的小孩子长个子，最能让人感觉到岁月的流逝。所以对这一点，她特别感慨。"勤心养公姥，好自相扶将。"说我走了以后，公婆就指望你了。到每月初七和下九，女性例行放假玩耍的时候，你别忘了想想我，想想咱们一起玩耍的快乐时光。她只是希望小姑子想她吗？她还是希望丈夫以后能经常想想她。但是出于自尊，这个话她不会跟丈夫说的，只能投射到小姑子身上。

　　然后她就走了。焦仲卿还是不死心，还是想实施假离婚的计划。假装去出差，其实是跟她一块走。分手的时候，还是强调，咱们是假离婚啊，重申了一遍他的方案。说过两天我就来接你，你可别嫁人去了啊，我是绝对不会辜负你的。

　　结果这次，刘兰芝终于被感动了。这也是中国士人的精神。你不顾惜我，我不指着你活着，我可以非常决绝地离开你。但是只要你给我一点温暖，我是要感激你的恩德的，我就可以为你赴汤蹈火。所以真的不要吝啬对有士族精神的人说这么一句话，那真是一本万利的。然后她非常动情地表白了一段。说我绝不辜负你，只要你像磐石一样地坚定，我就可以坚韧得像蒲苇一样，虽然在你面前卑微得不值一提，但是我也可以坚定地绕着你、缠着你。

但是，刘兰芝也明白这很难，她知道这么回去，马上就会被逼婚，嫁不嫁人，不是她一个人能做主的。她知道她哥哥那个脾气，肯定不能受焦家这个气，肯定会逼着她嫁人的。到时候她再为了焦仲卿而反对她哥哥，最后受折磨的还是她自己。所以她把这个也告诉了焦仲卿。不知道焦仲卿怎么回答，焦仲卿也没什么可说的，只能一再说等我等我。俩人就道别了。

刘兰芝回到家里，"进退无颜仪"，也觉得这么就离婚回来了，没法跟家里交代，觉得没有面子。她妈见着她，大惊失色，说怎么没接你，你就自己回来了？传统社会的风俗，出嫁的女儿，必须得娘家来接，才能回娘家；从娘家回去的时候，夫家也得一本正经地来接，表示我们是正儿八经的亲戚来往，不是因为闹矛盾生气了。自己回娘家，除非是被丈夫休了。所以刘兰芝她妈还确认了一下，你怎么自己回来了，真的是被休了吗？得到确认之后，刘兰芝她妈表示，这怎么可能呢？我女儿这么好，怎么会被休了呢？你别光说焦仲卿是焦妈妈的宝宝，刘兰芝也是刘妈妈的宝宝啊。在刘兰芝她妈眼里，刘兰芝也是完美的，也是没有男人配得上她的啊。更别说刘兰芝还真的很不错呢。

刘兰芝她妈说，我闺女我还不知道吗？从小那就是别人家的孩子啊。怎么就让人给休了呢？刘兰芝说，确实不是我的错。"儿实无罪过",这一句话,她说得很委屈。刘兰芝她妈也很"悲催",很悲愤,很不平,觉得亲家不讲理,觉得自己女儿倒霉。这个心情,就好像老师一直很看重的学生,高考没考好,或者工作找得不好,老师觉得又意外,又生气。

  接下来,戏剧性的一幕发生了。刘兰芝回家才十来天,焦仲卿出差还没回来,媒人开始络绎不绝地来刘家说媒了,而且都是地方上有头有脸的官二代。这说明,刘兰芝在婚恋市场上是很受欢迎的,大家也不计较她离过婚。由此可见,就是在当时,也并不计较姑娘是离过婚的,特别是条件确实好的话。当然,流行的观点,跟现实是会有差距的。包括我们今天还会认为,离婚的女人再找对象就不好找了,网上也会流传各种各样的歧视性言论。但是实际上,条件好的离婚女人并不难嫁。那你信谁的呢?当然是信事实。所以我们读古书也是,当时的人写文章说,女人饿死事小失节事大;但是当时的乐府里说,刘兰芝离婚以后媒人挤破了头。那我们信谁的呢?信乐府的。因为乐府是讲小道理的,是接地气的,更接近事实。当时的叙事性乐府就相当于现在的电视剧,如果当时现实中没有离婚女人再嫁的事,电视剧里这么写了,大家肯定要骂的,胡编乱造。《孔雀东南飞》能这么流行,就说明当时的人认为,刘兰芝离婚以后这么抢手,是符合现实的,至少是有可能的。

刘兰芝为什么这么抢手呢？首先是她本人好，这个没的说。另外也说明，刘家的门第并不低。这么多好人家的儿子上赶着愿意娶她，都不计较她离过婚，在那个看重门第的时代，如果她真是"生小出野里"，那是不可能的。

所以说，焦母不喜欢刘兰芝，并不是因为她门第低，恰恰相反，就是因为她门第略高。也不是特别高，就是嫁给焦仲卿略有点委屈，本来还可以嫁给门第更高的，甚至嫁给太守的儿子也不是没可能。尤其是焦母本人说不定嫁到焦家还是高攀的，所以她特别怕降不住这个媳妇，就想给她点颜色瞧瞧。

"麻瓜"世界总有一个很有害的观念，总认为对于比你略美好一点的人，你不能对她好。认为你对她好，她就会对你不好。只有你对她不好，她才会服你。现在有很多追女生的攻略，都说追条件好的女生，要对她忽冷忽热，才能吸引她的注意。有公司也认为，员工来了就要给一个下马威，他才能服管。这种套路对"麻瓜"有没有作用我不好说，但是至少不适合用来对君子。对于君子，或者孔雀女，你不要老是觉得，他从小养尊处优，大家都对他好，我对他好的话，他会不会看不见。人永远是渴望别人对自己好的，别人对自己的好，永远不会嫌多，永远能看得见。相反，养尊处优的人可能倒是受不了气，你对他不好的话，他是会跑的，因为这个世界上肯对他好的人太多了，你拿什么让他愿意在你这儿浪费时间呢？所以，你对孔雀女忽冷忽热，最大的可能性是她转身就跑了。退一万步说，就算是这招有效，也不应该用。人与人之间的良好关系，只能建立在互相善待的基础上，若建立在互相伤害的基础上，怎么也不可能成为良好的关系。你爱一个人，想留住一个人，就要对他好，不用想那么多。

"麻瓜"世界迷信这样的套路，主要还是出于低阶层的不安全感。长期的艰难生活，让他不相信美好会降临在自己身边，不相信自己能留住美好的东西，如果想留住，他就只相信破坏和伤害，认为他贬低了你，就可以留下你了。迷信这样的套路不仅在现实中得不到好处，而且会暴露你的生活环境。焦母就是信仰这种套路，这也是她接受的一个市侩的观念。

还有人说，刘兰芝是不是没有生育能力，你看她结婚两三年了也没有孩子。但是从离婚以后还有这么多人提亲来看，好像周围的人也没有认为她生不出孩子，或者说，并不认为这是个事。相反，因为她没有生过孩子，跟前夫家没有复杂的关系，她的婚姻价值似乎还基本等于未婚。

这里我觉得有点意思的是，既然现在来提亲，说明刘兰芝是配得上这些官二代的，那这帮媒人早干吗去了？当初刘兰芝未婚的时候，他们怎么不来提亲呢？我估计是，因为刘兰芝跟焦仲卿是"结发同枕席"，刚一成年就结婚了，这帮媒人还没来得及提亲呢。那时候跟现在一样，条件好的女孩子结婚晚。就拿唐朝来说，女性的法定婚龄是十三四岁，但是从出土墓志来看，很多士族女性的结婚年龄到了二十七八岁，跟现在大城市里差不多。这就意味着士族女孩子在"结发"之后暂且先不结婚，所以我猜测士族的女孩子刚成年的时候，媒人是不会上门的，还得观望一阵子。结果她就早早嫁给焦仲卿了，没有给别人机会。那她"结发"就嫁，应该是因为真爱。因为是真爱，所以也就没有特别精确地选择门第。

当时的士族嫁女儿，也不是一味地高攀的。自古以来的父母心都是一样的，条件允许的话，还是希望自己的女儿幸福的。唐朝的第十六任皇帝唐文宗，看上了宰相郑覃的孙女，想让她给自己当儿媳妇，做太子妃。郑覃出身于山东士族，是唐代门第最高的五个家族之一。结果郑覃一听到这个消息，赶紧把孙女嫁给了一个姓崔的九品官，相当于中科院助理研究员。崔在当时也是门第最高的五个家族之一。这把皇上气的呀：我儿子就这么配不上你孙女？我们家好歹也当了两百年皇上了好吧？你们山东士族就这么看不上我们关陇家庭？

不能简单地说，这个故事说明皇帝的门第比郑家、崔家的门第还低。郑覃也不是看不上皇帝的儿子，可能他就是希望孙女幸福，觉得孙女嫁给崔家人可能会更幸福一点。门第高那还是皇家的门第高，所以郑覃想着，孙女要是嫁入皇家，那得受气啊，要是嫁到崔家，比自己家门第略低一点，就不至于受气，还能给人家气受。顶多就是，皇家比他们家的门第没有高那么多，跟皇上结亲家对他来说，没那么有诱惑力。

刘兰芝她妈同意刘兰芝嫁给焦仲卿，可能是跟郑覃差不多的考虑，觉得焦家的门第略低，嫁过去可以不受气，如果嫁给太守的儿子，也不是嫁不了，但是嫁过去可能会受气。我推测刘家的阶层，比焦家略高一点，比太守家略低一点，最大可能也是府吏这个级别，跟焦仲卿他爸级别差不多，但是姓刘，可能有点家底，不是从底层混上来的而已。虽然级别一样，但是家底不同，阶层也是不同的，因为家族文化不一样。但是这点优势，焦母可能是不认的，很可能是只认级别，不认家底。或者说，明知道人家家底好一点，故意贬低人家。

本来刘兰芝她妈图的是焦家的门第略低，孩子过去可以不受气，结果没想到婆婆反而因为刘兰芝门第略高而为难她，最后居然还把她休了，这是刘兰芝她妈之前没想到的，怪不得她要"大拊掌""大悲催"了。

现在刘兰芝结过婚了,没有生孩子就回来了,于是媒人们就都上门来了。这回大家知道,他们家闺女肯定是要嫁人的了,而且嫁过一次,多少条件能降低一点,不至于高攀不起了。所以原来不敢上门的媒人,这回都敢了。

先是县令来做媒。县令来做媒,这面子已经不小了。说有一个公子哥儿,长得特别妩媚,"窈窕世无双",才十八九岁,多才多艺,条件是很好的。这就说明,刘兰芝离婚以后,不愁嫁人。刘兰芝这边媒人都上门了,焦仲卿那边则相反,不见动静。这也跟现在一样,离婚以后以为是男的不愁,女的愁,结果往往是女的先嫁了。男多女少,再加上你自身条件不错,家庭条件不错,自己收入又高,没有后顾之忧,当然嫁得快。相反,焦家没有优势,门第一般,还传出名声来,有个恶婆婆,把刘兰芝这样的都赶走了,到他们家去,三日断五匹,都达不到他们家的标准,街头巷尾这么一议论,谁还敢把闺女往他们家送?

而且刘兰芝这么一折腾,可能还抬了身价,因为这事她没有过错,她占理,焦母不占理,大家议论这件事的时候,都会同情刘兰芝,就会把她往好里说。当时的女性,没有机会公开介绍自己,通过这个契机,大家反而了解她了,知道刘家有这么一个勤劳能干、知书达理的女儿。这就告诉我们，只要你自己实力强，就别怕作，越作身价越高。现在流行说"不作死就不会死"，但是不作死就没有收益，所以，你比较确定自己不会死的时候，就还是作吧。

　　刘兰芝她妈就说，有人给你介绍对象，那你就去看看吧。刘兰芝说不，我跟焦仲卿是假离婚，我等焦仲卿，这个我就不考虑了，缓缓再说吧。刘兰芝也没把话说绝，说缓缓再说。

　　亲妈疼女儿，就去把这事给回了。说我们家门第也不高。谦虚门第不高，其实还是有一定门第的。而且刚离婚还没几天，着急再嫁也不像回事。"不堪吏人妇，岂合令郎君？"她连个府吏的老婆都当不好，怎么能伺候得了令公子呢？刘母说这个话，其实暗暗地有一点得意。你一个破府吏还不要我们，转手就有条件这么好的追着我们提亲呢，说明你们老焦家那叫有眼不识金镶玉。刘母跟媒人说，你们先去找别人吧，我们这儿恐怕不行。"先去找别人"，也是一个礼貌的辞令，不把话说死，因为你不知道以后会有什么变故呢。

第四集：生人死别

　　你拒绝了一次相亲，在我们这个文化背景下，会发生什么事呢？一定会有第二个媒人上门的。别人不会觉得，你是在等焦仲卿，而是会认为，你嫌这个条件不好，在等条件更好的。在我们的语境下，如果你觉得一个相亲对象条件差太远，你是不会明确说他哪儿不好的，你会找别的理由——比如在等焦仲卿——来拒绝。因为他是很难在短时间内达到你的标准的，那么你没有义务帮他进步。只有对方的条件跟你的要求差不多了，才跟他提，你要把什么什么改了我就跟你。这叫"褒贬是买主"。刘家没有褒贬，说我们再等等焦仲卿，听到人家耳朵里，意思就成了"这个条件差太远"。虽然刘兰芝真的是在等焦仲卿，但对不起，您还得接待第二个媒人，条件更好的相亲对象。

　　这么一来，等于反而又把刘兰芝的身价炒作起来了。说第一个来说媒的她不同意。她越是条件高，大家反而越是觉得她好了，于是就给她介绍更好的。当然这个抬身价也有个度，你得让人家相信，你真有这么好。要是超出了这个度，大家就说一声，她这个条件还挑这挑那呐，然后就散了。但是刘兰芝的条件确实好,所以身价就被抬起来了。

"直说太守家,有此令郎君",这一次,是太守直接看上她当儿媳妇了,让郡丞和主簿来做媒人。郡丞和主簿是太守的属官,但是不能简单看成给太守打下手的,脑补成县里小办事员的形象。郡丞和主簿都是清流官,都是未来准备委以重任的,在一个郡里是最有面子的人物。他们来做媒,给太守的儿子说媒,这阵势可是非常不小了。

这样的阵势,刘兰芝她妈也不可能一点不动心,所以她这次没有前头那么多说辞了,就说了一句,"女子先有誓,老姥岂敢言"。我们家这姑娘,我做不了她的主。亲妈是疼女儿的,如果女儿坚持,她是会站在女儿这头的。但是从理性上说,她这时候真觉得,女儿嫁到太守家也不错,其实跟着焦仲卿这小子也没什么好。

这时候,刘兰芝她哥坐不住了,这也让刘兰芝料到了。她哥就来跟她说,你差不多就得了,别在这哄抬物价了。这个太守的儿子,哪点不比你那个焦仲卿强啊。你先别说你是真离婚还是假离婚,就是假离婚,你这时候就坡下驴也合算了。"先嫁得府吏,再嫁得郎君。"我猜测这也是当时的一句俗语。意思是同样一个人,第一次嫁只能嫁给府吏,离了婚再嫁,就能嫁给官二代了。也就是说,再嫁反而比初婚嫁得好。民间谣谚最爱说这种政治不正确的大实话。因为只要你自己的素质过硬，离一次婚等于是炒作一次，抬一次身价。包括我们找工作也是，跳槽是要涨工资的，辞一次职，就是抬一次身价，刚毕业没有工作经验，找不到太好的工作，越跳槽工作越好。所以我们找工作，也是"先嫁得府吏，再嫁得郎君"。当然这说的不是普遍情况，是极端情况，只不过是有意义的极端情况。类似"皇帝轮流做，明年到我家"这种话，也可以把它看成民间谣谚特有的一种夸张的修辞手法，极端，但是有效。"先嫁得府吏，再嫁得郎君"这句是劝你，该离婚就离婚，该再嫁就再嫁，树挪死人挪活，再嫁未必不好，不用怕。

还有一层意思是，你做焦母的儿媳妇做不好，未必做太守的儿媳妇做不好。有一个鸡汤段子说，一块宝石，放在卖石头的市场卖，只能卖石头的价钱，放在卖宝石的市场卖，就能卖大得多的价钱。这个段子实际说明的问题是，石头市场和宝石市场的客户需求是不同的。一块宝石作为宝石的优点，对于想搬石头垫墙角的人来说，是没有用的。对于期待一个温顺儿媳妇的婆婆来说，十五弹箜篌、十六诵诗书，都是没有用的，但是对于太守他们家来说，可能就很有用。所以你嫁府吏失败，不说明你嫁不了郎君。

刘兰芝她哥说，你"先嫁得府吏，再嫁得郎君"，已经从地狱上了天堂了，"否泰如天地，足以荣汝身"，已经赚得够大的了。"不嫁义郎体,其往欲何云?"这么好的条件你不嫁,你还想怎么着啊?意思是,你炒作得差不多就得了,再抬高身价,你还想抬得多高啊,小心过这村没这店了。

这是刘兰芝她哥的理解,他认为妹妹是在抬高身价。这句话,对刘兰芝是一个严重的打击。她一直认为自己是在坚守和焦仲卿的爱情,但是原来在别人眼里,甚至在哥哥的眼里,她只是在抬高身价。对一个贵族来说,悲剧不是你为了坚持信仰而粉身碎骨,而是你的坚持被当成了沽名钓誉。这一刻刘兰芝坚强的心理防线被击溃了,她发现自己做的这一切都是没有意义的。如果她继续拒绝,无非是媒人再给她介绍条件更好的。直到有一天,大家都认为她太挑了,没人理她了,把她当成一个笑话。但是无论如何,都不会有人认为她是在坚守和焦仲卿的爱情。

而且关键是,她坚守的前提是焦仲卿给了她一个承诺,说这是假离婚,很快会复合的。但是直到她的身价被炒到太守儿媳妇了,一直没见到焦仲卿的影子。可能焦仲卿会说,你这身价炒得太快了。但是不管怎么样,很明显,焦仲卿解决问题的速度跟不上刘兰芝身价上涨的速度。这意味着,焦仲卿履行承诺的希望越来越渺茫了,焦仲卿还会来接她回去吗?这才是真正令人绝望的。

刘兰芝是一个有士人精神的女性,你对她有承诺,让她感念你的时候，她会无比坚决地忠诚于你。一旦把这个前提拿掉，她会做得比谁都坚决。

这个故事发展到这儿，按照正常的逻辑，刘兰芝会放弃她的承诺，去嫁给太守的儿子。中古时代很多士人也就是这样选择的，改朝换代之后出来做官了。我们今天说他们是背叛。其实他们只是在忠诚的前提崩溃之后，做了正常人会做的事，而且做得比普通人更决绝。但是这样一来，他们之前的坚持就真的成了自高身价了。有极少数人不能接受这一点，不能接受自己的自高身价被坐实了，这时候他们就选择了殉节。这一般是因为新政权同样令他们失望，世界上值得眷恋的东西太少，比不过被人说成"自高身价"给他们造成的折磨，所以他们选择了放弃生命，这就是孟子说的"所恶有大于死者"。他们选择殉节，是因为对旧政权失望了，死心了，未必是对旧政权有多留恋，最多是对新政权也比较厌恶就是了。就像刘兰芝，她选择了死，其实是对焦仲卿失望了，同时对嫁给太守的儿子也没什么憧憬，觉得嫁给太守的儿子之后能有的幸福，抵不过别人对她的非议，这里面已经没有多少对焦仲卿的爱了。

我们今天觉得殉节是不好的，是封建礼教。而且像刘兰芝，明明焦仲卿这么无能，并没有对得起你，你为什么还要为他殉节呢？觉得这不好理解。殉节的原理本来是"所恶有大于死者"，对谁的忠诚并不是排在第一位的。殉节作为一种选择，在中古也是一个被讨论的话题，它的审美性可能比活下去要高一点，虽然在现实中大多数人还是活下去了。刘兰芝的殉节在中古引起的共鸣，对士人的触动，可能跟宋明理学兴起以后那种广泛的寡妇殉节，意思是不一样的。刘兰芝的死，是出于对人格独立、人格自由的追求。与她"结发同枕席"的那个人，曾经让她感激的那个人，让她失望了，她又不愿意接受跟一个条件不错但是不相爱的人过一辈子。用我们今天的话说，就是不甘心去相亲，不甘心被逼婚，于是她说，我选择死亡。刘兰芝的死，是不要牌坊的，这跟后来的为了牌坊去殉节，不是一个意思，这是一个高贵的举动。后来明清的"节妇"，是对这种高贵行为的简单模仿。

所以刘兰芝回答说，哥哥你说得对。她说这句话的时候，已经做好了死的打算了。既然想死了，那什么都无所谓了，你说什么我都答应下来。要是不想死，真想嫁人，这时候反而还得矫情矫情，谈谈条件。她会说当哥哥的说了，我怎么能不服从呢？她这是说说的，如果你真不愿意，那还是可以不服从的，有各种办法，各种借口。但是你觉得对方说得有道理，表示同意，你就说，反正你说了我就服从。刘兰芝说，焦仲卿那边不管他了，他说了那一嘴，还指不定什么时候来呢。这也是实话。哥哥做主吧，结就结吧。

媒人和太守当然都是大喜过望，就开始操办婚事。这里又是一段铺陈，写礼单的丰厚，排场的盛大，说明太守家对这个儿媳妇的重视，这也说明如果刘兰芝嫁到他们家，物质生活是很优越的，这些都是焦家没有给过她的。但是刘兰芝对这些并不在意，死志已决，这也衬托出刘兰芝的高洁。

刘兰芝的母亲就催她做嫁衣，接着又是一段铺陈，写她做嫁衣的神速。但是做嫁衣的过程中，她"手巾掩口啼，泪落便如泻"，她一直是怀着要死的心的。到了傍晚，嫁衣做好了，刘兰芝怀着茫然的忧郁，出门去啼哭，就遇见了焦仲卿。

焦仲卿听说刘兰芝答应了太守家的亲事，就赶紧跑过来了。不知道他早干吗去了。早先县令来做媒的时候，他大概听说刘兰芝拒绝了，就很放心。其实如果他但凡会干点事，第一次听说有人给你老婆做媒，你还不赶紧跑来吗？你老婆对你忠贞是一回事，你得赶紧采取措施才行啊。说不好听的，这叫不要考验人性，你老婆这回拒绝了，下回就不一定了，到时候后悔就来不及了。就算你确定你老婆对你忠贞不渝，那你就忍心让她独自面对周围的压力吗？你不赶紧想办法把她救出来吗？你仗着她爱你，就把她丢下不管，你的良心不会痛吗？所以说男人，一定要有行动力，你得善于把握时机，因为你稍微一松手，可能你喜欢的人或者机会就没了。所以作家马伯庸就脑洞大开地说,焦仲卿这时候干吗去了?干伟大事业去了,刺杀孙策去了。要不真没法解释,焦仲卿你有什么了不得的大事要忙,有人给你老婆说媒了你都不过来看看。

焦仲卿来了,"新妇识马声",刘兰芝听见马声就知道是他,迎了出来,可见小夫妻间很熟悉,很默契。刘兰芝出来,远远一看,"怅然遥相望,知是故人来",惆怅地站在那里,远远地看着他,知道是故人来了。这个场景很悲哀。"结发同枕席"的丈夫,现在已经是故人,是前夫了,假离婚已经成了真离婚了。刘兰芝想,你还知道来啊。但是她已经答应了太守儿子的婚约,她自己也已经决定走上绝路了,一切都无法挽回了。

到了跟前,刘兰芝"举手拍马鞍,嗟叹使心伤"。那种遗憾,那种伤痛。她就说:"自君别我后,人事不可量。"人生无常啊,没想到就这几天,有这么多人给我说媒,家里人逼得紧,最后弄成这样,咱们没有希望复合了。说是世事无常,没有料到,其实刘兰芝早就料到了,上次分手的时候,就提醒焦仲卿说"我有亲父兄",她很清醒地想到了会有今天的这一幕。但是焦仲卿没有听进去,没有采取任何措施。刘兰芝的死,焦仲卿要负很大的一部分责任。

这个时候,焦仲卿非常没有情商、没有人性地数落起刘兰芝了。说祝贺你攀上高枝了啊。"贺卿得高迁"，这个措辞好像前任领导讽刺跳槽的下属的。说咱们分手的时候，磐石蒲苇的誓发得好好的，结果我这磐石还结实着，你这蒲苇这几天就不行了，果然蒲苇不结实啊。你不说人家有人追，你没人追，你说人家没你结实。有的人就是这样，明明是自己不受欢迎，硬是说自己操守高洁，眼光高性冷淡。焦仲卿说"卿当日胜贵，吾独向黄泉"，你会一天比一天过得好，我还能有什么指望呢？我只能去死，去殉情了。这句话，我原来上学的时候，示弱的时候特别爱说，就说同学考得好，我考得不好，说同学是学霸，我是学渣，就说"卿当日胜贵，吾独向黄泉"。

在这儿，焦仲卿把刘兰芝想成了"物质女"，以为她看见好的物质条件就见异思迁了，以为只有自己痴情。不成熟的男生在失恋的时候容易犯这样的错误，倾向于把分手原因想成物质原因，把女生想成"物质女"，这样他可以减轻一点自责。但这毕竟是不符合事实的，应该尽快从这种情绪里走出来，否则日久天长，最后自欺欺人，真相信女生都是"物质女"了，坑的还是自己，让你自己没办法有一个正常的恋爱。

刘兰芝在这儿义正辞严地反驳，你怎么能这么说呢？她说："同是被逼迫，君尔妾亦然。"之前你把我撵出来，说是受到你母亲的压力，不得已，那我就不能不得已吗？我这也是受到周围的压力啊。刘兰芝本来已经准备好死了，结果焦仲卿又说出来，他也准备死。刘兰芝说你以为只有你痴情吗？只有你想死吗？我早就想死了。反正事情已经无可挽回了，那我们就到黄泉之下相见吧，今天这个誓言不要再辜负了。

然后两个人就是生离死别。这一告别，世界上就再也没有这两个人了。但是他们告别的时候，还没有死，那真是"恨恨那可论"。

第五集：悲剧的结局

焦仲卿回去以后，就禀告了母亲，说我要死了。这也是完成他这个孝子的人设。虽然他要做一件最不孝的事，放弃母亲给他的这个生命，但是在离开之前，他还要跟母亲告别。同时这个告别，其实心里是怀着极大的悲愤。他说"令母在后单"，虽然也确实是有点挂念母亲，但也未尝不是像刘兰芝说的"念母劳家里"一样，有一种报复的快感：你是我母亲，我不能把你怎么样，我就用杀死你的儿子来报复你。

有人说世间只有一种爱是走向分离的，就是父母和子女的爱。父母给了子女生命，就要放他离开，让他去走自己的人生路。如果一直舍不得放手，等于把给子女的生命又吞回去了。母性不必然是好的。各个民族的神话传说里，都有女妖怪吃人的故事，就是释放母性恶的一面，表达人类内心最深的一种恐惧：被母亲吃掉，母亲把赐给你的生命又收回去了。

母性是包含控制欲的，在孩子弱小的时候，这种控制欲是必要的，可以保护孩子不受伤害。正常人是可以把这个控制欲保持在一个合理的范围内的。反之,控制欲过强就会妨碍孩子长成一个独立的生命,最后就会吞噬掉孩子的生命。这种控制欲是存在于母性内部的,只能克制,不可能消灭。高等灵长类从母系社会变到父系社会,就是为了规避母性的无限生长。如果不能规避母性的无限生长,父系社会就失去了意义。这就是为什么我们都爱讲恶婆婆的故事,恶婆婆是人类进入父系社会以后的一个禁忌,我们一旦发现恶婆婆的苗头,就要拼命夸张它,以便让大家远离它。焦母就是一个恶婆婆的形象,她就是母性得不到遏制的典型。她在儿子结婚以后,不愿意接受儿媳的制约,不愿意放弃对儿子的控制权,最后吞噬了儿子的生命。

说母性会吞噬孩子的生命,这不是夸张。如果母亲不放孩子自由,孩子会有抑郁的感觉。因为手脚都被束缚住,生命感被压抑,会幻想自己已经死了。这个死亡,也是对父母的一种报复。一般这种感觉会被压抑在潜意识里,焦仲卿因为有这样一个契机,把这个潜意识释放出来了,把死亡付诸实施了。这个故事打动人心,也是因为这一点击中了我们每个人或多或少都有一点的集体无意识。这个故事有一个升级版本,就是哪吒剔骨还父,不仅自杀,还把骨肉割下来还给父亲。这个故事能震撼我们,是因为哪吒做了我们想做不敢做的事。

作为母亲,听到儿子这么说,焦母当然是悲痛欲绝。这时候她说出来的第一句话,居然是"汝是大家子"。这种时候说出来的第一句话,一定是她心里非常重要的一句话。这时候她居然不是说,儿子是娘的心头肉,你走了我晚年怎么办,而是说"汝是大家子",可见"大家"在她心中的地位。她对这个"大家"的爱,超过了她作为一个母亲对儿子本能的爱。

真正的高门,是不会说自己是大家的,真正的高门,永远自称是寒素,他们的标准口头禅是"我们这样的穷鬼"。南朝的王僧虔,他是琅琊王氏,又是当朝宰相,这个门第够高的了吧?他跟子弟说什么?他说,像我这样出身寒素的人,在朝中没什么关系,你们都要好好努力。你真相信他是寒素,他在朝中没关系,就呆了,但是他说话肯定会这样说。他绝对不会跟子弟说"汝是大家子"这样的话。越是寒素,稍微在地方上有了一点地位,反而越会标榜"大家"。

焦母念念不忘的,一个是"汝是大家子",一个是"仕宦于台阁"。这是典型的凤凰妈口吻。什么叫凤凰男?不在于你出身低微,而在于你的家人拿你当凤凰。也就是说,你妈对你的宠爱,远远超过社会对你的宠爱。焦母觉得焦仲卿是个了不起的人,出身又这么好,又当这么大的干部,挣这么多的钱。但是实际上,来刘家说媒的人,说起焦仲卿,动不动就说是"府吏",是拿来做陪衬的。这说明,焦仲卿不管是家庭出身还是现在的个人地位,都远远不是出色的。最怕就是这样,在社会上你是一个普普通通的人,但是父母期望很高,这就意味着,你凭现在掌握的社会资源,是无法满足父母的期望的。这样就尴尬了,这就成了所谓的凤凰男。如果你再相信了你父母这一套,也认为自己是了不起的人,那你在周围人眼里就成了极品了。

一个人可能出身不是很低微,但是如果父母对你的认识超过了你的实际地位,那你就会呈现凤凰属性。相反,如果你出身很低微,但是有一个识大体的母亲,能正确认识你的实际地位,那你也不算凤凰。如果反过来,父母对你的认识低于你的实际地位,当然也是有问题的,但是那样会是另一种问题,不会让你显得"凤凰"。

焦母一辈子的骄傲,一个是咱们家这么好,一个是我儿子这么有出息。这两个都不是她自己的成就,她都是在依靠别人而骄傲。按照旧道德,女人是不能因为自己父亲、丈夫、儿子的身份就看不起别人的,这是不贤惠。按照现代观念,女人是要靠自己的,当然也不能因为亲人的成就看不起别人。焦母对焦仲卿并没有多少母爱,只是把焦仲卿当成她的骄傲,她没有发自内心地心疼过自己的儿子,没有替他的幸福着想过。

现在，她这一辈子的骄傲居然跟她说，自己要为那个"举动自专由"的媳妇去死，这时候她的世界崩塌了。她说："你可千万不要为老婆去死啊，你这么个贵公子，怎么为了那个贱女人，对自己家的人这么无情啊。""慎勿为妇死"，其实就是前面"何敢助妇语"的升级版，反映的是市侩的价值观。说"你怎么这么无情"倒是母亲对自杀的儿子会说的话，但是在这种时候，她居然还要带出"贵贱"来。什么人会这么在意"贵贱"呢？王僧虔是不会这么说话的。到这个时候了，她还要证明一下，刘兰芝是低贱的，不比我高贵，这恰恰说明，是什么东西让她在一直嫉恨刘兰芝。

这时候，她又提起秦罗敷了。说妈给你把秦罗敷娶回来。像"窈窕艳城郭""可怜体无比"这样的话，也不是长辈人该说的。

焦母最后一次出场，说的这几句话，等于是总结了这种凤凰妈的典型观点：第一，我们家是好门第；第二，我儿子是了不起的人；第三，丈夫就应该压迫妻子，婆婆就应该压迫媳妇；第四，那个女人比我们条件差多了；第五，某家闺女不错，妈给你娶过来。这五条都是凤凰妈的典型言论。说明那时候的人对这种市侩老太太已经有了非常精准的认识。

之后，刘兰芝和焦仲卿就先后自杀了。刘兰芝是在婚礼上自杀的，在入洞房的前一刻，趁着夜深人静的时候。"揽裙脱丝履，举身赴清池。"非常唯美，也非常决绝。刘兰芝是真正做到了"从一而终"的。"从一而终"要求很高，不仅是一辈子只能有一个男人，而且得死在男人前面，或者男人死的时候马上死，不能做寡妇。"从一而终"就意味你的生命要被这个男人填满，在你的生命终止之前，不能有没有他的时间。凡是当了寡妇的，严格说都不算"从一而终"。所以说"从一而终"这样的"flag"不要乱立，它不是光要求守节，是要求殉节的。

听说刘兰芝死了，焦仲卿也自杀了。他"心知长别离"，知道这一辈子没有指望了。然后就出来了大名句，"徘徊庭树下，自挂东南枝"。这是我们今天经常引用的句子，很有画面感。

他们俩死了以后，这两家马后炮地想起来后悔了，净整些有的没的，求合葬。合葬以后，好像他们俩的灵魂变成了鸳鸯，秀恩爱秀得"寡妇起彷徨"。顺便说，中国在佛教传入以前，鸳鸯一直都是形容兄弟的，没有形容夫妇的，而且中国诗歌里鸳鸯的形象一般是出现在水面上的，没有出现在树上的。住在树上的应该是命命鸟，是佛经里的概念，说痴迷于爱情的男女，在死了以后不能超生，会变成命命鸟，住在树上。这本来是佛经吓唬人的，让人不要痴迷于爱情。但是痴迷于爱情的人会觉得，死了以后变成命命鸟厮守挺好的啊,所以这个诅咒听起来倒像是一种祝福。《孔雀东南飞》里写的这个鸳鸯,应该就是命命鸟。这个设定很像是梁朝佛教广泛流行以后写的,这是比较早的用"鸳鸯"来形容夫妇的。

这是一个浪漫主义的结尾,反映了广大人民美好的愿望,但是这些其实都没有用了,在现实中,这是一个彻头彻尾的悲剧。

这首乐府的主题,就是相当于那时候的《双面胶》,讨论价值观不同的两个家庭的子女,是否能拥有一个幸福的婚姻。这两个家庭,政治经济地位差不多,不同的是文化背景。焦家是属于上升到这个阶层的,刘家是下降到这个阶层的。中国的阶层始终是流动的,不断重组的。大家一旦从不同阶层来到了同一个阶层,就开始考虑融合的问题,最典型的表现就是儿女婚姻。那么,政治经济地位相同,就算是门当户对吗?这是中古时代的人会焦虑的问题,《孔雀东南飞》给出了不太乐观的答案。

在《孔雀东南飞》里,焦母是上升阶层的代表,代表了在当时的社会意识中上升阶层的特征。一个阶层实际上有各种各样的人,但是当时的人普遍对她这种背景的人有一个想象。你可以批判这个想象,说它是刻板印象,但是这种刻板印象是挥之不去的,你必须正视它的存在。

她有很多市侩的观念，比如自高自大，把自己是"大家"挂在嘴边上，把自己的儿子看得特别了不起；比如欺负儿媳妇，希望儿媳妇柔顺，不看重儿媳妇的个人才能，又幻想能随随便便就娶到满意的儿媳妇；比如举止粗鲁，对孩子缺乏爱。其实她一直在受到现实的碾压：儿子在职场可能遭遇天花板，被人暗暗地看不起；好不容易娶到的儿媳妇，拥有一大堆对她没有用的才能，心里也好像在看不起她；稍微一撒手，这个儿媳妇就被更高的阶层抢走了，她满意的儿媳妇迟迟娶不进来；往上奋斗的儿子越来越跟她离心离德。

刘兰芝的娘家人是下降阶层的代表，代表在当时的社会意识中有家底的人家的形象。比如说，重视女儿的教育，对孩子的爱相对比较多；比如说，刘家人不会在嘴上说什么高低贵贱，但是心里不是没有差别待遇；又比如说，跟更高的阶层仍然有千丝万缕的联系。刘家是作为焦家的反面来写的。

刘兰芝就是这样的家庭教育出来的女儿，代表了当时有优势的女性的典型形象。她多才多艺，在经济上占有一定的优势；她接受的封建礼教其实是最多的，她懂得礼数，对人说话委婉有礼貌，同时她向往儒家教育推崇的"结发同枕席""从一而终"这样的正统爱情，丈夫说一句话她就感激得要去死，她是希望尽量地对自己的丈夫好的；但是另外一方面，她又有极强的个性，有自己的想法，对婆婆不妥协，做事有决断，绝情起来又特别的绝情。从某种意义上说，刘兰芝的人设就是中古士人的人设，这些人本事很大，一方面特别重视礼教，一方面个性又特别张扬。

刘兰芝一点也不想嫁入更高的阶层，她追求的是当时礼教定义下的真爱，所以她愿意用自己的整个人生做赌注，去和一个出身不那么完美，但是干干净净、愿意接受士族文化的府吏结婚。焦仲卿代表当时在阶层上升中愿意接受士族文化的年轻人。他愿意接受士族的婚恋观，比如喜欢刘兰芝这样的女性，想要尊重她，为她坚守爱情的忠贞，甚至包括孝顺母亲，也是士族的礼教要求的。他接受的这种士族的观念，与他母亲那种市侩的观念是有冲突的。在《孔雀东南飞》里，阶层的冲突主要不是表现为刘兰芝和焦仲卿的冲突，而是焦仲卿和焦母的冲突。这反映的是士族的传统观念跟上升阶层带来的市侩观念的冲突，这种冲突也是中古时代的人时时刻刻能感受到的。

《孔雀东南飞》描述的就是中古这么一个旧阶层下降、新阶层上升的时代。当然，也可以认为，这个过程在中国历史上时刻都在发生着。

《木兰辞》：我们的故事

唧唧复唧唧，木兰当户织。不闻机杼声，唯闻女叹息。

问女何所思，问女何所忆。女亦无所思，女亦无所忆。昨夜见军帖，可汗大点兵。军书十二卷，卷卷有爷名。阿爷无大儿，木兰无长兄。愿为市鞍马，从此替爷征。

东市买骏马，西市买鞍鞯。南市买辔头，北市买长鞭。旦辞爷娘去，暮宿黄河边。不闻爷娘唤女声，但闻黄河流水鸣溅溅。旦辞黄河去，暮至黑山头。不闻爷娘唤女声，但闻燕山胡骑鸣啾啾。

万里赴戎机，关山度若飞。朔气传金柝，寒光照铁衣。将军百战死，壮士十年归。

归来见天子，天子坐明堂。策勋十二转，赏赐百千强。可汗问所欲，木兰不用尚书郎。愿驰千里足，送儿还故乡。

爷娘闻女来，出郭相扶将。阿姊闻妹来，当户理红妆。小弟闻姊来，磨刀霍霍向猪羊。开我东阁门，坐我西阁床。脱我战时袍，著我旧时裳。当窗理云鬓，对镜帖花黄。出门看火伴，火伴皆惊忙："同行十二年，不知木兰是女郎。"

雄兔脚扑朔，雌兔眼迷离。双兔傍地走，安能辨我是雄雌。

北朝故事：东北人在河南

《木兰辞》这个文本，大家熟悉得不能再熟悉了，中学都讲过背过，文字本身也不难，不需要我一句一句地讲了。不过，围绕着《木兰辞》，我还有很多想讲的故事，关于中国人的故事，关于中国女孩的故事。

《木兰辞》是一个关于北朝的故事。

《木兰辞》和前一章讲的《孔雀东南飞》被合称为"乐府双璧"。这么说的人可能主要着眼于，这两部作品都是讲故事的乐府。在中国的传统里，讲故事的诗并不多。

很多人可能没意识到，这个"乐府双璧"，正好一个南朝一个北朝。《孔雀东南飞》是什么时候出来的，是个悬案，但这个故事肯定是南朝人爱讲的，也是南朝人记录下来的，是南朝的一个梦境。《木兰辞》是北朝出来的（虽然可能有唐朝人加工），是一个关于北朝的故事。

我们从小学就会背"南北朝并立，隋唐五代传"。但实际上，从来没有一个朝代的名字叫"南北朝"，也没有一个朝代的名字叫"南朝"或者"北朝"。南朝一共有四个，宋齐梁陈。北朝你至少要记住三个，北魏、北齐、北周，北齐和北周是并立的,在北魏和它们中间,还有一对并立的小朝代,东魏和西魏。每一个朝代都是独立的,都有它自己的脾气,不能用一个朝代的文化去解释另一个朝代的事情。我要求我的学生们,在试卷上不要说"南北朝",一定要说清楚是哪个朝代;同样道理,也不要说"魏晋",一定要说清楚是魏是晋,是西晋是东晋。东晋的事解释不了曹魏的事,陈朝的事解释不了北魏的事。对于生活在那个时代的人来说,改朝换代或者没有改朝换代,就是他的一生。我们说"魏晋"或者"南北朝",就是对他们的暴力,我们应该离历史更近一点,分得更细一点,这也是对他们的尊重。

所谓"南北朝",就是中国的南方和北方分裂成了并立政权的时代。既然分裂了,为什么还叫"中国"呢?中国并不是只有南北朝分裂成南方和北方,东晋也是南方的政权,为什么东晋不叫"南朝"呢?东晋和那些"南朝"有什么区别呢?

我的理解,东晋和那些"南朝"没有任何的区别,只是它们的对家有区别。"南朝"可以叫"南朝",是因为它们的对家可以叫"北朝";东晋不能叫"南朝",是因为它的对家不能叫"北朝"。

西晋灭亡后,中国的北方陷入了混乱。有五个少数民族进入了中原,他们是匈奴、鲜卑、羯、氐、羌,合称"五胡"。东晋谢玄他们打的淝水之战,对面就是氐族建立的前秦。

关于这段历史,有一个说法,叫"五胡乱华"。"乱"的意思不是哪个民族到哪个民族的地方来了,而是我们说的"动乱"。所谓"乱",就是无视法律,无视道德,无视任何一个民族的好风俗、好习惯,看见有钱人就抢,看见读书人就祸害,破坏先进的文明,破坏先进的生产力。实际上,这里不光有"五胡"的事,汉族的乱臣贼子,也跟着作乱。这些作乱的流氓,不管是胡人还是汉人,论残暴都是半斤八两,没有谁的血统高贵到全民族都是好人。他们建立了很多的割据政权,称为"五胡十六国",其实,这里不止有五胡,也有汉人,也不止有十六国。

这十六国的皇帝,特别是西晋刚灭亡时候的那一拨,与其说是皇帝,不如说是一帮土匪。他们压根就没想过怎么在中原长待,就想抢完这一波走人,拼命地掠夺、破坏,从来没有想过继承和建设。他们把野蛮对文明的嫉妒、仇恨体现到了极致,能抢走的都抢走,抢不来的带不走的,就都毁了。他们是中华文明的破坏者,而不是继承者,他们没拿自己当中国的主人翁,所以,他们建立的政权不能叫北朝。五胡十六国,是一个极黑暗、极动荡的时代。我讲文学史的时候,不要求学生记住"十六国"的名字,因为"十六国"都没有诗。

这个时候，很多衣冠士族都跑到南边去了，但是，还有相当大的一部分人留在了北方。这些没跑的人不是跑不起，恰恰相反，他们中很多都是从秦汉以来就存在的、很厉害的世家大族。他们不走的原因很简单，就是舍不得，舍不得离开世代栖息的地方，就好像电影《流浪地球》里演的，我们的地球遭难了，我们也不能抛弃它，地球表面不能生存了，就转入地下城去。北朝士族住的地下城，就是坞壁。刘亦菲演的花木兰，住在一个像福建土楼一样的建筑里面，那个建筑就是坞壁，福建土楼是跟坞壁学的，不是从福建的土壤里长出来的。花木兰住在坞壁里，这是一个很大的槽点，但这个槽点并不在于"北方怎么可能有福建的东西"，客家人来到南方需要防御可能欺负他们的人，山东士族留在北方也需要防御，大家都需要这样的建筑保护自己。

到后来，十六国后期的君主也慢慢觉得，这么下去不是办法。我们干吗把那些美好的东西都毁了呢？我们干吗不学着文明人的样子，过好日子呢？人都是想过好日子的，这是人性，也是人类文明进步的动力。再怎么讲仇恨讲对立，什么样的生活是好的生活，是值得过的生活，总是一目了然的。像前秦的君主，也开始跟汉人商量，寻思着过好日子了。

当然，学好不是一件容易的事，好日子也不是那么容易能过上的。当惯了土匪的人要过好日子，总是会拧巴，总是会担心，好日子会让他们失去什么，担心自己学文明人的样子学不像，会被文明人笑话。人总是有自我保护的心理机制，我向往你，又怕被你笑话，那我就先骂你。说你腐化柔弱，说我看不起你。我骂你，不耽误我偷偷地学你。学像了，大家一起过好日子，当作无事发生。学不像，我继续抢在你笑话我之前骂你，然后下次再学。就这样，十六国的君主，在拧巴中缓慢地向好日子靠拢。

终于，有一支队伍有出息了，鲜卑人建立了北魏，实施了孝文帝改革。鲜卑人是东北少数民族，简称东胡。有人挑刺说建立北魏的不是鲜卑人，不是东北人，是东北的内蒙人，这个问题和我们的汉语文学无关，就不在此讨论了。在融入汉文明之前，他们早就融入了东胡文明。

中国没有一个民族叫"少数民族"，东北的少数民族和西北的少数民族的差别是很大的。我们总是说，李唐皇室有少数民族血统，杨贵妃有少数民族血统，于是有的影视作品就找了个高鼻深目的演员来演杨贵妃。其实，李家、杨家的少数民族血统是鲜卑这边的，是来自东北的少数民族。东北少数民族跟东北的满族、蒙古族的样子差不多，看起来跟汉人没太大区别。所以只要想象他们是一帮东北人就好。

"东北人"进入中原,有好几拨。鲜卑人是一拨,金代的女真人是一拨,清代的女真人也就是后来的满族又是一拨。这些东北人有一个共同点,他们进入中原后,都以最快的速度融入了中原。东北人对过好日子的热情是很高的,虽然他们总是被北京、上海的人嫌弃土,但他们很愿意学习怎么过好日子。从物质到精神,只要是好东西,就敢"拿来"。虽然一开始也会被鄙视"你个老憨也配",虽然他们被鄙视急了也会说两句"我就是老憨怎么了,你装什么装",但是最多过一代,东北人的后代就看不出是东北人了。

少数民族融入中原的过程,被称为"汉化"。这个词在我刚接触它的时候,给了我很大的震撼,促使我用新的眼光去看很多问题。但我现在终于认为,这个词是没有必要存在的。所谓的"汉化",在现代就是现代化,在古代就是封建化,就是在努力过上好日子。少数民族要努力过上好日子,汉族里贫穷不开化的人也要努力过上好日子。汉人本身没什么特色,无非是在东亚率先过上了好日子的一撮人。谁过上了好日子,谁就是汉人,汉人的后代把祖先的好日子丢了,也就不配做祖先的后代了。原来没过上好日子的人,在过上好日子的过程中丢掉的东西,多半是落后的生产生活方式。至于人性中那些诗意的美好的东西,是无论在什么样的生活中都不会被丢掉的,只要你确实是一个美好的人类。一个美好的人类，过上了好日子，只会变得更温柔，更美好。

　　建立北魏的这一支东北人就敏锐地发现，原来文明人的日子这么好啊，于是果断决定，他们也要过好日子，所以不惜血本进行了改革。改革不是自己凭着想象瞎改，是把坞壁里的那些汉人世家大族请出来，向他们咨询，好日子是什么样的。这样，在北魏的朝堂上，就站满了汉人大臣，实施了汉人的典章制度。北魏是决心要继承华夏文明的，他们是中国的主人翁和建设者。所以，从北魏开始，就可以叫"北朝"了。他们跟南方政权的矛盾，只是谁当皇帝的矛盾，不再是文明和野蛮的矛盾。"北朝"的对家，也就是"南朝"了。

　　人的肉体基因是不重要的，即使是不同的人种，肉体基因也没差多少。同是东亚人，不同民族之间的基因差异简直可以忽略不计。一个人是什么样的人，主要看他的灵魂而非血统。任何人的祖先都曾经是野蛮人，野蛮人的后代会有有出息的那一天，圣贤英雄的后代不一定还是圣贤英雄，完全可能重新沦落为野蛮人。谁继承了中华文化，谁就是当之无愧的中国人。中国人的后代如果把中华文化丢了，其实就已经不配做中国人了，我们只是因为你的肉体基因，无可奈何地带着你走。这样做中国人，其实对祖先是没有用的，也没什么可光荣的。

中国人是最不在乎血统纯正的,从中国的创世神话就可以看出来。

人类的创世神话,根据"人是从哪来的"这个问题的答案,可以分为两种:一种是说,人类是乱伦的产物;一种是说,人类是杂交的产物。最早的人类,在人与非人的分界点上,只有这两个选择。

比如说,森林古猿变成人的时候,是只有一对夫妇变了,还是一群人一起变的呢?如果是只有一对夫妇变了,听起来有点不可思议,而且马上就有下一个问题。下一代所有的人类都是这一对夫妇的孩子,都是同父同母的亲兄妹,要再产生下一代人类,就非得乱伦不可。但是这样的好处,就是血统绝对纯正,绝对不会有其他古猿的血液混进来。重视血统纯正发展到极致,就会推导出乱伦的想象。如果是一群古猿一块变成人,他们的后代互相通婚,就不会有乱伦的问题了。但是这里有一个问题,能保证这群古猿变成的都是人吗?每个古猿变人的程度肯定都不一样,有的手变得快点,有的脑子变得快点,你怎么定义谁是人呢?如果他们互相通婚,就有杂交的危险。回避乱伦发展到极致,就会推导出杂交的想象。

中国主流的创世神话,都抛弃了兄妹婚的说法。兄妹婚只能以奇谈怪论的面目缩在民间故事里,大约祖先也考虑过这种可能性的痕迹，是不能登大雅之堂，不可能让先生一本正经地讲给弟子的。正史里都不会提伏羲女娲是兄妹。我们讲的是，所有的人都是女娲从地上抓把土捏的。这个土就有各式各样的了。有的人是女娲亲手捏的，所以天生高贵；有的人是女娲累了拿柳条甩的，所以天生卑贱。说人的贵贱是不能变的，但是，没说亲手捏的跟柳条甩的不能结婚。

有人开玩笑说，人家西方人是亚当夏娃的后代，而我们就是炎黄子孙。这个玩笑其实大有道理。炎帝和黄帝本来是不同的部落、不同的文化，但是他们碰到一起以后，不是选择厮杀到一方死光，而是开始联姻。黄帝的儿子生的，是黄帝的子孙；黄帝的女儿生的，也是黄帝的子孙。黄帝的儿子可以跟炎帝的女儿有后代，这些后代就同时是黄帝和炎帝的子孙。他们再去跟别的部落联姻，生下的孩子还是炎黄子孙。其他的民族也不过是其他的部落而已，只要你想加入，就随时可以加入。也许你有一个遥远的祖先不是炎黄子孙，但你们家世代生活在这片土地上，和炎黄子孙联姻，早就是炎黄的子孙了。甚至不用等到和炎黄子孙生下孩子，只要你不再杀戮，不再破坏，开始读我们的书，守我们的规矩，从这一刻起就是我们的人了。

真正的中国人是不在乎血统混杂的。真正的中国人会说，"混血儿聪明"。而我的看法是，不是混血儿聪明，而是聪明人才能混血，他们能翻山越岭地找到自己的真爱，能看穿肤浅的身份，和真正适合自己的人在一起。一个人身上背负的民族血统复杂，往往意味着他继承的优质基因多，一个民族也是如此。中华民族是民族不断融合的产物，这绝不是一句政治正确的空话，而是我们的祖先几千年来一直坚持的选择。"融合"本身就是中华民族最重要的特征之一。

一个中国人，身上往往是混有一点少数民族的血统的。如果让我为中国人画一张标准像，我会说，他只要有机会就会去读书，就会从别人的话里准确地捕捉到没有明说出来的信息；我也会说，他身上有一点少数民族的血统，可能是南方的，也可能是北方的，如果他的孩子要跟一个读书很好的外来户结婚，他会欣喜若狂地说："都是孩子们自己的事，我不管。"获得了那一点灵性，就成为中国人。

中国人是讲究继承的，但并不那么讲究血缘，而是很讲出继。没有亲生的孩子，尽可以去抱一个来。封建化了的少数民族，好比是炎帝黄帝过继的儿子，当然是炎黄子孙；炎帝黄帝的后代如果变得愚昧了，也只是其他兄弟的负担而已。就好像仗着亲爹妈，生下来就有北京户口的孩子，如果念不好书，还要嫉妒外地来的好好念书的孩子，仗着出身欺负人家，这种行为就很可恶，而且也没什么用。好好念书的孩子会成为真正的北京人，而只有一个户口那种，只能成为无可奈何的北京人。

话说回来,北魏的这帮决定好好念书、过好日子的鲜卑人,从东北出来的时候,是落在山西大同的。后来他们觉得,这个地方可能也不怎么适合念书,不怎么适合过好日子,所以他们就搬到河南洛阳去了,到了洛阳就扎下根了。所以,河南虽然是中原腹地,也曾经是鲜卑人的家,就跟北京也是满族人的家一样。

这帮东北人到了河南,就好好过日子,跟汉人的世家大族一起治理国家,有事就跟他们商量:你们以前是怎么办的,我们是怎么办的,现在咱们怎么办比较好。东北人跟河南人,可能生活习惯有点差异,但是差异也没那么大,而且双方都是比较好说话的人,所以就这么搭着伙过下去了。

东北人其实很好面子,内心深处很怕被人笑话,所以,他们一旦决定了要过好日子,就会特别努力地讲礼数。在马景涛和宁静主演的《孝庄秘史》里,多尔衮和孝庄太后是相爱的,但孝庄是多尔衮的嫂子。按照东北人的习惯,小叔子是可以娶寡嫂的,但是孝庄终于咬着牙没有嫁给多尔衮,因为她担心,这样会被那些汉人大官笑话。这个设定并不是历史事实,但是很东北,写东北人的心理特别真实。

决定要过好日子的鲜卑人,也是这样的心态,担心着被汉人的世家大族笑话。直到北齐的时候,开国皇帝高欢的妻子、出身于北魏鲜卑高门的娄太后,还在担心这件事。娄太后的儿子高济要迎娶山东高门清河崔氏的女儿为妃,娄太后还嘱咐他,你要好好地守礼数,别让崔家笑话咱们。已经到中原这么久,又已经贵为皇室的鲜卑人,还是这么小心。在北朝的鲜卑贵族,就这么胆战心惊地守着礼数,看着山东高门的脸色,一步步地前进着。北魏的人已经有写诗的了,虽然写得还不好,北齐的人写诗就已经写得很好了。会写诗,就是汉人中的汉人了。所以,北魏就是北朝了,后来的北齐北周就更是北朝了。

北魏后来分裂成了东魏和西魏。东魏和西魏的地盘都不是鲜卑人的老家,之所以要分裂成东魏和西魏,是因为中国北方的汉族分为东西两个文化区域。东边的就是我们今天的鲁菜区,包括山东、山西、河北、河南,当时叫"山东",有时候也叫"河北";西边的就是陕西和甘肃,叫做"关陇",其中最核心的地区是关中。山东文化和关陇文化,从汉朝以来就存在着微妙的对立。东魏和西魏分裂,是跟着汉人的文化区走的。

东魏和西魏很快也不在了,东魏变成了北齐,西魏变成了北周。北齐的文化就是山东文化,北周的文化就是关陇文化。最后是北周的继承者得了天下,就是隋和唐。

今天已经没有鲜卑族了。西边的鲜卑人,据说有一支继续西进，和新疆的民族融合，成为今天锡伯族的祖先。大部分鲜卑人留在了中原，融入了汉族中。鲜卑人的后代，今天就是汉族；今天汉族人的血液中，也带着鲜卑人的基因。

唐代的很多高门士族，就是继承了鲜卑贵族的姓氏，他们被称为"虏姓"。著名的"虏姓"有元、长孙、宇文、于等。他们的文化水平很高，已经跟山东士族没有区别，变成汉人中的汉人，汉人中的高贵门第了。大诗人元稹，就是出自"虏姓"的"元"，他的先祖，就是北魏的皇室拓跋氏。元稹的诗，写得比绝大多数的汉人都好。

我费了这么大劲讲东北人到河南的故事，就是因为花木兰的故事，一般认为发生在这个时候。花木兰最有可能是北魏的河南人，她的祖先到底是不是东北人，这一点是不知道的，反正她家要么就是在河南生活了好几代的东北人，要么是跟东北人在一起生活了好几代的河南人。鉴于中国人喜欢联姻，原住民喜欢有本事的外来户，外来户也懂得要跟原住民结婚才能稳定下来，所以几乎可以肯定，花木兰身上既有东北人的血统，也有河南人的血统。至于她到底姓什么，也不是个事。爷爷是祖先，姥爷也是祖先。我觉得"花木兰"这个音节挺好听的，所以还是叫她"花木兰"吧。

东北人为了过好日子，努力地跟鲁菜区人民学规矩。与此同时，鲁菜区人民也发现了他们身上的闪光点。他们发现，这些刚刚还在跟严酷的大自然搏斗的人，也有一些应付生活的好经验，他们在之前的生活中也积累了文明，也有他们的高贵。所以，汉人也向胡人学习。这个过程被叫做"胡化"，其实，汉人"胡化"，也不是学胡人落后的东西，是学胡人的好东西，所以，这也是文明的积累，不是文明的倒退。真正的好东西，是不会在进步的过程中被扔掉的。好东西谁看见都知道是好东西。

鲁菜区人民跟东北人学到的一个好东西，就是拿着闺女当小子使。其实这种精神，在上古的鲁菜区也有，只不过文明了一段时间以后，大家有点忘了。东北人因为要直接跟大自然做斗争，所以这个劲头更明显一点。今天的东北人还有这个劲头。这与其说是民族特点，不如说是地域特点。

我姥姥就是东北人。她父亲没有儿子，就把她"当儿子"。"假小子"可以说是一种东北文化。旧时代的东北人，说不重男轻女也是假的，家里穷，就给男人吃大米饭，给女人吃小米饭。但是东北人有一条，重男轻女是基于"男的比女人能干活""要靠男的挣钱养家"的假设。如果女人干了"男人的活"，就要给她男人的待遇，而且家里人会觉得亏欠了她。我姥姥在柜上管账，承担儿子的责任，在家里就按男人的待遇，吃大米饭。所以，我一直觉得，花木兰的故事就是东北人的故事，我们家的故事。

东北这个地方，自然环境严酷，地广人稀，拼命干活就会有饭吃，不干活就没饭吃。不管什么民族，都会很快在这块土地上学到，人的劳动力是不可以被浪费的。只要是能干活的人，就应该得到最大的尊重，要为特别能干的人提供有力的保障。只有这样，大家才可以活下去。其他的任何规矩，都可以因为这条最大的原则做出修改。

生活在富庶地区的人，可能一开始不会思考这样的问题，也会被祖宗传下来的条条框框限制住，但他们一旦接触了东北人，就很容易被他们的文化冲击，不知不觉接受其中的合理成分。我们今天会开玩笑抱怨，说一个朋友圈里只要有一个东北人，过不多久，大家说话就都是东北味了。其实东北文化也有这样的感染力。东北人的乐观、坚韧，是人性中闪光的东西，也是在艰难的奋斗中必要的东西。

东北文化中最合理的成分，我认为就是对劳动力的珍惜。规矩是要有的，但不能因为规矩，就闲置一个有能力的人，哪怕她是个女的。我想，当中原的儒学世家遇到这些刚搬来的东北人时，他们也会很容易认可这一点，因为这一点很对，也跟儒生"爱有差等"的信仰并不冲突。其他的规矩，都好商量。

当然，并不是只有东北人这样，只不过如果遇上不讲道理的人，说"你这是牝鸡司晨"，说"女的就是挣钱多也不能要男人的待遇",或者说"你这还是重男轻女",东北人也懒得跟他们磨牙,就会说一句"我们东北人就这样"。东北人也不都这样,也有没被这块土地教化好的,这样的人我们不跟他们学就是了。

北魏的这些东北人也一样。他们也不是没有愚昧的人,也不是没干过欺负女人的事,但是他们的女人也真有说了算话的。北魏皇室出过不少太后掌权的事,其实这就是东北的老太太当家的传统。为了防止太后专权,北魏甚至出过"子贵母死"的狠招,儿子一立太子,就得把亲妈杀了。这个政策固然残暴,但也从反面说明,他们的儿子真的很听老太太的话。

在他们的影响下,中原地区的原住民家的女性也彪悍起来了。北魏民歌里说,李波小妹也可以骑马射箭。从南朝跑到北朝来的颜之推,写了一本《颜氏家训》,他在里面说了好多南朝和北朝风气不一样的地方。其中有一段,颜之推说:

> 邺下风俗,专以妇持门户。争讼曲直,造请逢迎。车乘填街衢,绮罗盈府寺。代子求官,为夫诉讼。

用大白话说就是:北方都是太太当家。这些当家太太,就跟《红楼梦》里的王夫人、王熙凤一样,要负责为家里的矛盾裁断是非曲直,要负责维持亲友之间的社交,天天坐着车子出门,穿着漂亮的女装出入贵族高官的府第。这些女人都能干得不得了,还会去替儿子求官,替丈夫打官司。也就是说,这些"男人的事",甚至男人处理不了的事,她们都可以出面处理。

颜之推还说:

> 南间贫素,皆事外饰,车乘衣服,必贵整齐,家人妻子,不免饥寒。河北人事,多由内政,绮罗金翠,不可废阙,羸马悴奴,仅充而已。倡和之礼,或尔汝之。

意思是说:南朝的男人,即便穷,出门也要讲面子,车子衣服都要光鲜,宁可让家里老婆孩子挨饿受冻。北朝因为是女人当家,女人就理所当然要穿好的用好的。给男人用的,就随便意思一下,让他们骑便宜的瘦马,使唤便宜的不好使唤的奴仆。平时跟丈夫说话,也是你啊我啊的,一点都不客气。

颜之推是南朝来的人,而且南朝的萧梁亡国了,他要替故国做检讨,所以批评南朝有点狠。不过,他说的这种男人是有的，从中国传统的角度来看，也是很不好的。颜之推说的北朝这个谁干活谁花钱的规矩，就有点像我姥姥家的规矩。不过，我私心认为我姥姥家的规矩更好一点，谁从外面挣来了钱，谁就配多花钱。最后说的这个两口子说话互相不用客气的现象，也像东北人，我们在《红楼梦》里也是见过的。

颜之推到北朝来的时候，北魏已经不在了。颜之推是跑到北齐来了。北齐所在的山东地区，是儒家的大本营，虽然经历了"五胡乱华"的祸害，但是文化的种子还是仰赖坞壁保留了下来。在这儒家文化根基最深的地方，偏偏出现了这么有本事的女人。不能不说，是鲜卑人给汉人提了醒。从另一个角度看，汉人接受了女性地位的提高，说明汉人是愿意接受女性地位的提高，这是汉人自己的决定，也说明这是儒家文化可以容纳的。儒家的老祖宗没想过女人也能多干活，那么如果女人多干活，正宗的儒家也能接受女人多花钱。毕竟，按照彻底的男尊女卑观念，男人比女人强，就应该比女人承担更多的责任。如果男人干不了男人的活，还得让女人来干男人的活，已经是男人对不起女人了。作为补偿，理应给这些女人更多的照顾才是。至少她们如果干了跟男人一样的活，就该给她们同等的报酬。这时候，还跳着脚说女人无论如何不能多拿钱的，就成了落后的、愚昧的人了，在儒家看来，这也是没出息的男人。

这样的文化，也孕育了后来的武则天。武则天的父亲就是山东地区的人。武则天后来把朝政管起来，也无非是替她的皇帝丈夫、皇帝儿子当家而已，这也隐隐地接续了北魏太后执政的传统。既然普通士大夫家的太太都可以出来替丈夫、儿子处理官司、升迁的事了，那么皇帝的妻子、母亲只要抬抬脚，就能迈上皇位了。

花木兰的故事，就产生在这样的文化氛围里。花木兰的时代比颜之推稍早一点，在颜之推的时代，花木兰的事迹、歌谣，应该正在中国北方广泛地传诵着。北朝的女人们虽然不是人人都能上战场，但是她们干着男人的活的时候，或者看着自己的母亲干着男人的活的时候，就会想起这首《木兰辞》，花木兰就是她们放大了的自我。花木兰告诉她们：你也是可以承担男人的责任的，你也是可以为阿爷、为国家分忧的。花木兰的形象，正是无数伟大的北朝女性形象的缩影，也是伟大的中国女性形象的缩影。

军人故事：哀兵必胜

花木兰的故事，首先是军人的故事。

花木兰遇到的状况，很多是当时的军人都会遇到的。只不过，因为她是女性，军人共通的经验被进一步放大了。

花木兰家，应该是当时的"军户"。中学的历史课本里有讲到"府兵制"，语文课本里有《木兰辞》，但是不见得有老师会多说一句，《木兰辞》就是"府兵制"的生动反映，甚至《石壕吏》反映的也很像是"府兵制"。语文老师和历史老师互相非常信任，都相信对方会讲的。

在生产力水平比较低的时代，社会供养不起脱离生产的专业军人，就采取"寓兵于民"的办法，军人战时打仗，平时正常生产。东北人很爱这么干，不光东北人，早期的华夏人也这么干。《周易》里面有一个《师》卦，就是拿用兵打仗的事打比方。《师》卦的卦象是下坎上坤，坎是水，又可以代表军队，坤是地，又可以代表老百姓。军队藏在老百姓里，就像地下水藏在地面下一样，平时安安静静的，不占地方，到用的时候，通过水井打上来。《周易》产生于西北，那边地表蒸发厉害，所以经常要依靠地下水，这个问题在东北不明显。这个卦肯定是西北人想出来的，不是东北人想出来的。这个例子说明，在西北，商周之际的人们，也是这样，把军队藏在老百姓里的。

但是，一个人，既要种地，又要打仗，负担就太重了，所以国家会减免他的赋税和徭役。赋税和徭役是以家庭为单位征收的，减免当然也要以家庭为单位。这样，就出现了一些叫军户的家庭。不打仗的时候，这些军户就赚到了，享受着优惠，安静地劳动，正常娶妻生子。打起仗来，他们上前线也是理所应当的。我想，军户一定曾经是一种荣耀，因为他们肩负更多的责任，同时也能拿到实际的好处。在能得到合理保障的前提下，为国出力、为国牺牲，也是荣耀的事。

军户享受的好处是以家庭为单位的，承担的义务也是以家庭为单位的。需要人的时候，上面就跟你家要人，谁去都行，你们家自己商量。封建社会讲究稳定，父死子继，父债子还。父亲是皇帝，儿子要继承；父亲是军人，儿子也要继承。那时候征兵的年龄都很宽泛，老百姓很难活到不用当兵的岁数，所以各家都是自己看着办，看着老爹老了，儿子大了，就让儿子顶上去，不换人的话，就一直点老爹的名。这样，实际上就把跟国家有关的事，交给了家庭去决定，由家庭内部筛选出当兵的人。老爹多疼儿子一点，就让儿子晚点接班；儿子心疼老爹一点，就早点去接班。

花木兰的阿爷就是他们家被点名的人,"军书十二卷,卷卷有爷名",就像曹植说的,"名编壮士籍,不得中顾私",被点名是一种光荣,也是不能逃避的责任。要想不再被点名,除非让自己的儿子顶班。不是军户的人,是不负有打仗的义务的。在极端情况下,如果战事惨烈,这家上前线的人已经牺牲了,军队还需要人,军户就要继续送第二顺位的人上战场。杜甫的《石壕吏》反映的就是这种情况。

过去的说法一直是,《石壕吏》反映的是盛唐的府兵制。最近又有研究成果出来,说盛唐早就不实行府兵制了。不过从《石壕吏》来看,盛唐的政策普及也不是那么整齐划一的,雇佣兵制实在没有实行得那么彻底,杜甫随便进个人家投宿,就分明进了一个军户的家。

小朋友学《石壕吏》,就会产生很多疑问。这个石壕吏怎么那么毒,就赶着他们一家要人?但是石壕吏为什么又不把杜甫抓走?有人说,杜甫藏得比较好。但是老太太为什么不藏起来呢?有人说,因为杜甫是当官的,那他干吗不利用当官的身份把老太太救下来呢?

杜甫说石壕吏"捉人",其实是用诗人的语言,说了个狠词,说出了事情的本质。在现实中,石壕吏不是随处乱抓人,而是到军户去征兵,只是任务紧迫,顾不上正常流程,也顾不上好态度,就成了凶神恶煞一样半夜去抓人。但他征兵的对象，仍然是负有作战义务的军户。所以，石壕吏属于执行公务，杜甫即使是做官的，也没有理由阻止他。

石壕村这家人，老头子大概早就让儿子顶职了。大儿子上了战场，过不多久军队里人又不够了。人不够，就还来军户征兵，所以二儿子又去了，三儿子又去了。战事严峻，他们家的三个儿子里就死了两个，可见前线这时候又是"流血成海水""四万义军同日死"了。所以人还是不够，就又轮到老头子了。

石壕吏为什么这么狠，专门捉他们家的人呢？因为他们家是军户，负有这个义务。如果是正常打仗，不是一下子死这么多人，那么一家最多献出一个儿子，还是可以接受的。只是战事太惨烈，才让一项可以接受的政策变得残酷。

如果老头子不去，或者老头子已经不在了的话，老太太和她的儿媳妇还真的可能负有从军的义务。古代女性也是负有服役义务的，适龄女性叫做"丁女"，她们也有出现在军队中的义务，但主要是承担运输粮草之类的后勤工作。按照中国传统的大男子主义思想，如果不是没办法了，这样的工作最好也别让女的做，所以这个政策在很多时代只是理论上存在。所以，老太太说"急应河阳役，犹得备晨炊"，不是她特别有创意，一时间突发奇想，而是就有这样的先例。在这种惨烈的战争中，当时在军队里做饭的女性，恐怕早就不止一两个了。在极端条件下，古代的女性也会参与战争。

这就是诗里记录的社会现实，如果诗人不写下来，没见过的人就不会知道；即使写下来了，没见过的人也有可能看不明白。

即使没有老头了，只有老太太和她的儿媳妇，又必须带走一个人的话，那么更应该应征的"丁女"是儿媳妇，老太太是为了保护还在哺乳期的儿媳妇，才主动应征的。从征兵者的角度来看，这是一个"以次充好"的操作，这是老太太要跟石壕吏讨价还价的事。

老太太保护的，其实还是老头，她其实就是"代夫从军"了。这种现象不能用一句简单的"男尊女卑"来解释，因为让女的当兵不是"男尊女卑"的正常表现方式。老太太当时想得很简单，就是家里没个男的不行，总得让老头子留在家里支撑门户，如果老头子走了，自己和儿媳妇留在家里也是活不下去的。这时候，老太太心里没有什么家国大义，也没有什么男尊女卑，只有一句简单的："我不去怎么办啊？"

当然，"家里没个男的不行"也是一种"玄学"。在前现代社会，家里没个男的，确实会遇到很多巨大的困难。对女人来说，像男人一样支撑门户和去当兵，都是无法承受的苦难。但是，这两种无法承受的苦难到底哪个更难以承受一些，就很难验证了。可以肯定的是，对男人来说，支撑门户是比当兵更容易接受的苦难。所以，女人以"让男人支撑门户"为名，去承担本应由男人承担的责任，虽然是出于现实的考虑，但肯定包含了对男人的爱护。在小家庭中，一切"男人该怎样""女人该怎样""父母该怎样""子女该怎样"的讨论，一切说话的人为自己划定的责任，都不过是借口，其本质都是对家人的爱，是说话人情愿为所爱的家人做出的牺牲。

军户的女性是有一定概率从军的，只不过她们的故事大多没有花木兰的故事那么给人提神。这是花木兰故事的历史背景。石壕村里那家人遇到的问题，花木兰家也会遇到。只不过，石壕村老妇是普通人，花木兰是英雄。花木兰是石壕村的浪漫版，石壕村是花木兰的现实版。

花木兰并不是在一个"战争让女人走开"的时代成为战斗英雄的。她只是做了一件当时很多女人都会做的事，然后做得格外出色而已。她那些光彩照人的传奇故事，其实有一个灰暗悲凉的背景。

这些中国女人辞别家园奔赴战场的时候，心里没有什么忠君报国的念头，也谈不上什么怀着仇恨逃离原生家庭。如果要问她们的动机，那就是一句大白话："我不去怎么办啊？"我不去，难道让家里的顶梁柱去吗？我不去，难道让比我更弱小的孩子去吗？那些做出了伟大功业的女人，或者为家庭默默做着巨大牺牲的女人，在出征的那一天，都没有喊过什么豪言壮语，她们念叨的都是这一句："我不去怎么办啊？"

中国的文化是为周围人着想的文化。一个人不能光想自己，还要想到她爱的很多人，不能让自己爱的人陷入"怎么办"的境地。我如果不做这件事的话，我的爸爸妈妈怎么办啊？我的姐姐弟弟怎么办啊？我的爱人孩子怎么办啊？为别人想并不是泯灭自我，"为别人想"的主语就是"我"。只有自我特别强大的人，才有能力去爱别人，去为别人想。

要为别人想，前提是有能力为别人想。花木兰是有这个能力的，后来的事实证明，她打仗的能力比一般的男人还要强。一般的女孩子没有这个能力，也想象不到女孩子可以有这个能力，所以看到花木兰的故事，她们看到的是压迫。"她只是个女孩子啊，怎么可以让她上战场呢？"如果一个女孩子是家里最不适合去打仗的，全家人还要躲在她背后，把她推上战场，那确实是欺负她。如果在她拒绝的时候，还要给她讲故事，说"人家花木兰可以，你为什么不可以"，那就更是欺负她了。所以，弱小又不被家庭宠爱的女孩子，看到这样的故事，就会生出本能的恐惧。

但是，这不是花木兰的错。我们要反对的是不顾客观条件地用故事说教，而不应该去反对花木兰。这个世界上，就是有一些人，比你本事大，家庭关系比你和睦，这样的人没有错。她们的存在证明人类可以做得很好，人类可以美好。不能要求每个人都跟她们一样，但也不能打击她们，不能把她们抹杀掉。

花木兰替父从军，也有她的艰辛。每个承担责任的人，都有他的艰辛。别人干不动的活只能让有力气的人干，但有力气的人也不是不会累的。当兵打仗的人都为国为家付出了很多，虽然他们付得起。更何况花木兰毕竟是个女孩子，虽然她也付得起。花木兰的女性身份，只不过是把军人承担的牺牲凸显出来了。

花木兰家一共五口人，每个人都有可以当兵的理由，也都有自己的不容易。阿爷是最自然的，目前点兵还是点他的名字，但是他已经有点老了，到了可以让孩子顶班的年纪了，他要是为了疼孩子，咬咬牙也还可以继续上。木兰的弟弟也应该去，因为他是阿爷唯一的儿子，按说应该是他顶班，但是他还有点小。如果打开了"女人也可以从军"的思路，木兰的姐姐也可以，她的年纪比木兰还大点，从长幼顺序上说，她还比木兰担负更多的责任，长姐如母。但是她大概更接近传统的女孩，不如妹妹能打。木兰的母亲也可以，但是她年纪也大了，到军队只能"备晨炊"。目前的战事没到安史之乱那个份儿上，放着一家子青壮年，就来一个老太太，征兵的人也不会答应。所以木兰就想，阿爷阿娘老了，弟弟还小，阿姊不会武艺，就是我了吧。这个"就是我了吧"，也是中国人会说的话。说这句话的时候，她就忘了，她是个不必上战场的女孩子，而且是阿娘阿姊一直捧在手心里照顾的小宝贝。

每个上战场的中国人，大概都经历过类似木兰的心理活动。也许他们大多是男性，不像木兰的情况这么极端，但是他们在做出这个决定之前的一秒钟，他们也是需要被人保护的孩子，他们上战场，也要牺牲原来安逸的生活。他们一定也想过："我不去怎么办呢？""就是我了吧。"也想过要保护女性亲人，想过要保护已经"岁数大了"的长辈、"还小"的弟弟。不上战场的女性，也往往有说这些话的时候。大到把留在城里的机会让给兄弟姐妹，自己去艰苦的地方工作，小到承担起做饭洗衣的家务劳动。她们也在说："我不去怎么办呢？""就是我了吧。"

中国人是有担当的。所谓担当，不是喊什么高不可及的口号。担当就是：这事该不该做？该做。有没有比我合适的人做？没有。那好，我去！担当是包含在普通中国人朴素而智慧的思考中的，那些口号喊得山响的人，并不能真的承担什么。

就这样，花木兰决定替父从军了。当时的军户上战场，要自带装备。在当时的文化下，军人应该会觉得制式的装备不好用，一定要自己挑选才放心。就好像今天的理发师会自备吹风机，书法家会自备笔墨，码字的会自备键盘。挑选装备的眼光，也能反映一定的专业程度。花木兰东西南北地去凑装备，说明她是很内行的，什么样的马鞍，什么样的辔头，都是有讲究的，不是在一个摊子上买了就完了。就好像写诗的，写一个题目之前，先要考虑用什么体裁合适，而不是凑不上来七律就换五绝。这说明花木兰的专业水平不低，她是有资格替父从军的。

花木兰采购去的"东市""西市"，不一定是城东的市场、城西的市场。花木兰住的地方，肯定不是唐代的长安城，没有那么大的阵仗。所谓"东市""西市"，我认为是指市场的东边、市场的西边。今天东北还是这么说，所谓"西市口"就是市场西边的口，而不是城西市场的口。讲究的人，没有在一个摊子上就把东西买齐的做法，肯定要货比三家，满市场地转。但是也还不至于满城地转，那也太作了。虽然这是乐府的铺陈，是互文，是夸张，但是夸张也是要有个度的。

花木兰待的地方，肯定不是长安，大概率也不是洛阳，应该是黄河南边的一个不太大的地方，这个地方可能只有一个比较近的集市。花木兰住的地方，应该是一个村落，跟我们今天的村子也差不多，而不是电影里的坞壁。坞壁是"五胡乱华"的时候，山东士族躲贼兵住的。要真是他们还需要坞壁的时候，你想像电影里那样，让一队官军大张旗鼓从正门进去，从坞壁里抓人出来当兵，也是不可能的。坞壁本来就是军事堡垒，防的就是官军。坞壁里的人都是聚族而居，不会像大杂院一样有人姓张有人姓王，如果有外敌来犯，整个家族团结抵御外敌。他们也会带着庄客童仆住在里面，但庄客童仆也不可能和主人的家族均摊兵役。有人说，陶渊明笔下的那个桃花源，就有坞壁的影子。花木兰这时候，已经是北朝了，这帮人已经从坞壁里出来做官了。就算他们老房子没拆，这些士族也是不承担兵役徭役的。花木兰应该不属于山东士族，不仅她没住过坞壁，她的祖先应该也没住过。

花木兰家是军户，他们家的祖先最有可能是跟着北魏朝廷迁过来的，就好像驻扎在北京城周边的八旗兵那样。他们不仅不住坞壁，而且说不好听的，坞壁防的就是他们。当然，日子长了，他们早就和当地汉人融合了，早就对汉人没有威胁了，但他们也没道理自己建一个坞壁住着玩。即使不是这样，能被编入军户的人家，也不会是坞壁里的山东士族。

花木兰买的是战马和配套的骑具，说明她是骑兵。骑兵是比较高级的兵,花木兰没入伍就准备骑兵的东西,说明这个兵种应该是她家祖传的。有人考证,花木兰他们家的地位可能不低,花木兰不用睡大通铺,甚至可能带着奴仆。军事史的细节我不懂,但是我觉得这个说法倒可以更好地解释为什么战友们没发现花木兰是个女的。

要这么说的话,花木兰家还算是个小小的军事贵族,最低阶的那种,相当于文化贵族系统中小地方的书香世家。军事贵族和文化贵族是两个系统。军事贵族往往是跟着新兴政权进来的,文化贵族往往是上一个政权留下来的。双方各有优势,在最初接触的时候,肯定是互相看不起,也有比较直接的竞争关系。司马迁写的"将相和"的故事,总是有着特别现实的意义。但是时间长了,过个两三代,军事贵族和文化贵族就会融合了。文化贵族放下了对新政权的戒心,军事贵族也向文化贵族转化。入唐以后,鲜卑的军事贵族也变成了文化贵族,跟山东士族一样了。

花木兰买好了装备,跟着队伍,向北渡过了黄河。他们是去跟北方的少数民族打仗的,这时候,北魏的军队已经站在中原的立场上,去跟其他北方少数民族作战了。柔然也自认为是鲜卑的一个分支,也属于东胡,但这时候,北魏和柔然已经是敌国了。北魏打柔然,就跟康熙打噶尔丹一样,大家都不觉得有什么不对了。理论上说,柔然跟北魏也算是并立的政权，但是这个并立跟南北朝的并立不是一个概念。南北朝都是服膺华夏文化的，柔然则没有接受华夏文化。所以，柔然虽然和北魏在血统上有同一个祖宗，但这时候已经是不同的存在了。北魏打柔然的战场还是在中国的东北部，不会跑到西北的沙漠里去打。

花木兰刚渡过黄河就想家了。想家这种事就很微妙，男的女的都会想家，但是女孩子想家似乎更合理一点。因为女性比男性要复杂一点，臭小子都是简单思维。臭小子就是想家，也不会承认自己想家的，他们会拿着两个馒头说，"吃饱了不想家"，然后倒头睡下。女孩子因为从小和家里人情感交流更多一点，所以即使在紧张的行军打仗中，也会有那么一刻，很文艺地想一想家。"不闻爷娘唤女声，但闻黄河流水鸣溅溅。"她会比男性更多地关心周围的自然，在寂静的夜里听到大自然的声音，想听阿爷阿娘再呼唤一声宝贝女儿。写花木兰，就应该写这种男人会做但是女人更会做的事。

花木兰出征，想的不是什么"虽远必诛"之类，她想的是"我不去怎么办啊"，是一个很低调的出征。在征途上，她也是在不断地想家。这听起来好像不怎么英雄，有点窝囊。但有意思的是，能打胜仗的，往往是这种哭哭啼啼窝窝囊囊的兵，不是那种意气风发想着荡平天下的兵。

谢灵运的爷爷谢玄，打淝水之战的时候，也是窝窝囊囊地去的。到了前线，才发现自己的兵不够，转身就回去找三叔哭了。三叔谢安说，你不去怎么办啊？又把他踹回前线去了。东晋的人也不看好谢玄这小子，觉得他就是个玩紫罗香囊的公子哥儿，打什么仗啊？可是就是这样的人，人家可以打胜仗。谢玄的对手，前秦的苻坚，带兵来打东晋的时候，牛气极了，说自己的军队把马鞭投下来，就可以阻断长江，荡平东晋不在话下。可是他的军队莫名其妙就失败了，都没容打，就被山上的风声鹤唳吓得自己左脚踩右脚了。以前我们的老师都告诉我们，这是因为苻坚骄傲了。其实，只在嘴上谦虚两句也是没用的。只有真的没想打胜仗的人，才能打胜仗。

老子说"抗兵相加，哀者胜矣"。意思是双方兵力相当的前提下（这个前提很重要），哭哭啼啼的那个会赢。这句话后来被简化为"哀兵必胜"。我一直想不通这是什么道理。有人告诉我，是因为会哭的那个能得到老百姓的同情。我总觉得这个解释各种不对劲。我还听我奶奶说过一句话，"打麻将越不想赢的时候越能赢"。我花了好多年才发现这两句话说的是一个事。

我们今天有一个明显的现象，就是学习好的女生越来越多，男生越来越不行。有人说，是因为过去的女生得到的资源不够，现在的女生也能得到家里的保障了。可这样也应该是男生女生一样好啊。男生得到的资源又没有变少，应该说，还是男生得到的支持稍微多一点，为什么男生会变弱呢？于是又有五花八门的解释，说小学男老师太少，缺乏阳刚教育，说考试制度不合理，偏向女生等。

对此，我的解释就是"哀兵必胜"，我们这一代女孩子，就是"哀兵"。

一条基础的规律是，被寄予太多期望的孩子往往不成功。这句话很令望子成龙的家长丧气，但是很好解释。一个孩子被寄予厚望，就会压力太大，压力大了，就难免形成种种精神障碍，在学习的时候思前想后。社会期许他将来会很有出息，能获得世俗的好处，也会让他的学习目的变得功利。家长期待他能带来回报，就会忍不住下场指导，指导来指导去，总会带着他走点弯路。额外花钱越多，走弯路的概率就越大。辅导班不是报得越多越好的，教育孩子，必须得有无为而治的精神。

我们这一代独生子女，男孩和女孩获得的家庭支持是差不多的，谁考上了大学，父母都会供，这就相当于"抗兵相加"。父母对孩子的态度往往是："一个女孩子，学习不好就不好吧，但是如果她考上了，我肯定是要供的。男孩不一样，男孩学习必须好，毕竟我们兄弟几个只有这一个儿子。"

男孩因为被寄予厚望，所以都走了弯路。女孩因为没有被寄予那么多期望，反而能自由发展。女孩子成长得比较好，就是因为父母不管。没有期望，就没有压力，这就是所谓"哀兵必胜"。当然，没有资源支持不行，没有"抗兵相加"的前提不行。

自古以来，就是能得到充分资源而不被父母看重的孩子会有出息。古代是贵族家的庶出儿子会有出息，因为父母把期望寄托在嫡子身上，但一旦庶子比嫡子有出息，就马上不讲嫡庶了，会认庶子是自己最宝贝的儿子，倾家族之力给他支持。现代社会是"凤凰男"会有出息，因为农村孩子不被社会寄予期望，可以自然地成长，但一旦他们出息了，无论是家庭还是社会，都会尽全力支持他。后来大家看到了凤凰男带来的收益，开始精心培养农村的男孩子，给他们很大的压力，所以凤凰男就衰落了。凤凰男衰落后，就是城市独生女的时代了。女孩子最初不被看重，但一旦有出息了，就会得到家庭和社会的全力支持，一下子成了父母最亲的宝贝。

我小学一年级第一次考试，考了全年级第一。第二是个男生。那个男生很不服气，说："我就不信，我连个丫头也考不过。"这个话当然不是小孩子自己能想得出来的，一定是周围大人教唆的，于是所有人都夸他有志气。结果，此后他的成绩一直在车尾上吊着。我是听人家说，"女孩子没后劲，一年级看不出来"。我心想没后劲就没后劲吧，那我也得把义务教育学完了啊。我妈也跟我说："你得了第一，妈妈当然高兴，但是你也得为别的同学的妈妈想想，别老霸着那个第一，让别人的妈妈也高兴高兴。"我说好的，此后就再也没得过第一，一直在不是第一的前几名趴着，整天看闲书。我父母也没逼着我念书，想着念书不好还可以嫁人，嫁不出去还可以开个小书店，或者馒头店。我就这么晃晃悠悠考上了北大中文系，考上了也不能不去。再后来就是，让我读博我就读博，让我工作我就工作，但是我自己也从来没想着要去争取什么，总是想着，我是女生没后劲，总有一天会不行了，走到哪算哪吧。就这样，也就迷迷糊糊做上了自己最想做的工作。

当然，我也不是躺着变成北大博士的，我一直没有停止读书。虽然我知道我终有一天会被淘汰，但只要我今天还没被淘汰，就还是读下去吧。就好像一个明知必死的战士，看见敌人扑过来了，也总不能坐等被敌人砍死，总要还个手，如果把眼前的敌人砍死了，那就等着下一个。我现在想，因为我知道自己必然被淘汰，我考分高一点，也不会对我嫁人或者开馒头店更有益处，所以我读书没有那么功利，反而更接近学习本来的状态。我从来没有抬头看看，这世上读书好的人都去了什么专业，有什么热门的补习班可以报一下。我只是自己喜欢什么书就读什么书，喜欢上什么专业就上什么专业，读书只是为了满足自己的好奇心。这样，我也就敢去大家都不敢花精力去关心的领域冒险，敢去看大家都不看的书。突然有一天，我回头一看，那时候那些看似很有知识的人，反而都被我甩在后面了。

我想，那些从九死一生的战场上回来的战士，可能也是这样。因为没想活着回来，反而不受乱七八糟的念头干扰，更接近战斗本身的状态，拼一个够本，拼两个赚一个，敢于冒险，不计生死。只是有一条，绝不等死，绝不放下手中的武器。这样的人，反而未必会死。老子说，有的军人，即使上阵不穿盔甲，也不会吃刀子，我想大概就是说这样的人。那些认为自己一定能活着荡平天下的人，容易被挫动锐气，不一定能活着。我想，花木兰应该就是那种没觉得自己能活下来，但从不放下武器，因而活了下来的人。就像朱一龙演的傅红雪（电视剧《新边城浪子》的男主），耷拉着一张生无可恋的脸，手里的刀却不停挥舞，几下就把周围的敌人都砍倒了。这就是所谓必胜的哀兵。

我讲花木兰的故事，不会讲得很高调，因为高调的人不是一个好的中国军人。花木兰小时候，阿爷肯定是没有把她当成接班人培养的，但是如果她想练武，想学兵法，也不会阻止她，会说，"她玩得高兴就好"。和那些从小立下宏伟志向的男孩子不同,花木兰没想过当兵是要怎样怎样,只是想着"我不去怎么办啊"。出征的时候,花木兰觉得自己一定会最先倒在战场上,因为她毕竟是女孩。或许正是因此,当敌人扑过来的时候,她反而没想过害怕,只是挥动武器迎战。别人都不接的危险任务,她也会接下来,因为想着"反正我也是要死的"。就这样,她不仅没死,还成了功劳赫赫的战斗英雄。如果说花木兰当兵比男性有什么优势,我想,还不是什么擅长协作之类,而是因为她暗合了"哀兵必胜"的古训。

《木兰辞》对花木兰的战斗生活写得很精练,没写她是不是像傅红雪那样。《木兰辞》里写战斗过程,只用了三组对仗句。如果是后来的戏曲、评书,肯定是要花大篇幅写战斗过程的。这说明《木兰辞》的作者和读者,其实不太关心战争场面,可能还是属于比较高的阶层。"万里赴戎机,关山度若飞。朔气传金柝,寒光照铁衣。将军百战死,壮士十年归。"这三组对仗句,写得非常精练,很见笔力,一看就出自写惯了近体诗的文人之手,应该是有文人加工过。

花木兰打了十二年的仗,获胜归来,见到了天子。这个天子就是北魏的皇帝,他既是鲜卑人的可汗,也是北中国的天子。天子赏了木兰很多东西,并且问她有什么要求,也就是要不要做官。木兰说不愿做官,哪怕是尚书郎这么大的官也不做，只想回家。

花木兰不愿当官，其实是不敢当官。不敢当官，最显而易见的原因是，她是女的。既然都敢冒充男人打十二年的仗，为什么就不敢继续冒充男人当官呢？因为不敢当官，是中国军人的传统。

官职不是一件用来赏赐人的东西，当官需要专门知识。能打好仗，不代表能当好官。皇帝赏赐军功，可以给钱、给地、给爵位，甚至给官阶，唯独不应该给职位。爵和官是不一样的，官和职也是不一样的。爵位是贵族头衔，是一种荣誉，也意味着你可以享受某一部分百姓的赋税，在汉代以后的精致封建社会，爵位几乎只意味着每年可以收到一笔钱。"官"如果是指寄禄官，其实就是工资级别。加官晋爵说到底都是涨工资。只有"职"，是你实际要做的事，是要负责的。如果做不好，是会让老百姓跟着倒霉的。获得更高的职位、更大的实权，是要辛苦干活的，如果不贪污腐败，并不会获得更大的实惠，如果要贪污腐败，则会祸害别人。为国家立下功劳的军人，多拿钱是应该的，但不能担任太高的职位，因为他们没有学过治国。专业的事，还是交给专业的人。

有一回，唐玄宗想让领兵打仗的牛仙客做尚书，因为他有军功。张九龄坚决反对，说尚书这个官职是不能随便给的，这是古时候的纳言官，是清流很重要的官职，也就是皇上的高级顾问，像牛仙客这么寒素的人干不了，他有战功，赏他一点钱就算了。唐玄宗就怒了，说你看不起人家牛仙客寒素，你自己有门阀吗？张九龄说我虽然是个岭南人，但是我是清流出身，是靠文学起家的，牛仙客是从小吏起家的，没文化。陛下您要非得用他，我是耻于跟这样的人当同事的。这话的意思是我就辞职。

在这儿唐玄宗和张九龄就代表了两种贵族观。唐玄宗代表的是初唐军事贵族的贵族观，看出身主要看你爸爸是谁，不看你的专业是什么。但是张九龄的贵族观是以专业为准的，看你做什么官起家的。你是中进士起家的，做小吏起家的，还是打仗起家的，就相当于你的专业。你要升迁，只能在你的专业序列里升迁，如果跑到别人的领域里，就要出乱子。

张九龄是进士出身的，这是他骄傲的资本，所以他就可以理所当然地歧视胥吏出身的牛仙客。其实牛仙客的家庭出身并不低，他是开国功臣的后代，但是张九龄不跟你理论。不管你家是干什么的，你不是进士出身，就是寒素。别看我是个岭南人，我是进士出身，我就是比你高贵。你有军功，到论军功的地方去论。

可以想见，花木兰如果当了"尚书郎"，也是会被张九龄这样的人挤对的。所以,有军功的人一般都很知趣,都是拿了钱,回老家去过逍遥自在的日子,不会像牛仙客一样想不开,非去抢个清流官来当。

其实,将和相没有必然的高下之分,在论不清高下的时候,中国人就选择回避。如果大家都是朋友,那么就坐在一起喝酒,不必论座次。如果不是朋友,某些场合还非要坐在一起喝酒应酬,我们就分个座次,互相客客气气的。如果不是朋友也分不出座次,那也好办,大不了不要坐在一起喝酒就完了。军人硬要改行做清流官,也不是不行,但是过去以后,就要面对一个"怎么论"的问题。论高了,人家不服气,论低了,自己不自在。理智的办法就是躲他们远远的,继续在武官序列里混,没仗打了就回家。说"不敢",其实是回避。回避不是因为真的比对方低,也不是因为真的看不起对方,而恰恰是因为双方旗鼓相当,"没法论"。

作者这里写木兰不敢当官,表面上是在写男女之别,实际上是写军人和言官的互相回避。用可男可女而倾向女的事来写木兰,用木兰的女性身份来写军人的身份,这是《木兰辞》的招牌写法。

女人故事：阿爷的星星变成了龙

有一个经典的故事模式，就是父亲和女儿的故事。

严歌苓的《陆犯焉识》，写一个劳改犯拼了命地逃跑，只为了看一眼自己的女儿，张艺谋用这个题材拍了《归来》和《一秒钟》两部电影。马伯庸的《长安十二时辰》也写到亡命之徒曹破延在长安城实施爆炸计划，是为了让自己的女儿能获得自由，他把女儿称作"阿爷的星星"，看到年轻的女孩，总是会想到她们的阿爷，因此放她们一条生路。在残酷的大叙事中，父亲和女儿的故事，总是透露出人性的一丝温情。

花木兰替父从军，也是一个父亲和女儿的故事。花木兰的故事，最初就是一个关于孝的故事。"孝"不是父母板着脸压迫子女，而是子女对父母出于自然的爱，是子女对父母多年情感付出的回馈，是父母和子女联合起来对抗外面的世界。花木兰也是她阿爷的星星，也是她的阿爷会用生命维护的美好。只不过，在这个故事里，换成女儿来保护父亲了。

现在让我们来关心一下，花木兰的家是什么样的，花木兰是一个什么样的女儿。我们要理解一个人，总是要关心这样的问题，这不是俗套，而恰恰是为了走出俗套。

关于优秀女性的叙事，总是有各种各样的俗套。一种常见的俗套是，家庭一定是女性成功的阻碍，女性要成功，一定要拿出一大块精力来跟家庭抗争。

我初中的班主任被评为全国优秀教师，有记者来采访她，就让她说，她是怎么跟家庭抗争的，还给她设计了台词，说"我加班回家晚一点，婆婆就埋怨，怎么不早点回来做饭"。结果我们老师说："可不能这么说，我全靠我婆婆支持我工作呢。"我们老师是那种一心扑在工作上，生活能力很差的人。她婆婆主动承担了所有家务，帮她带孩子。我们老师说，多亏有这样的婆婆，她才能这么安心工作。这件事，是这位老师给我的一个很好的教育，不仅仅是说实话的教育。

花木兰的故事差不多也会落入了这样的俗套。总有人设想，她怎样和家庭抗争。有人设想，家庭想让她达成嫁人的目标，她自己却想达成战斗英雄的目标。

我不喜欢这样的设想，我觉得这是俗套。没有必要每次都把家庭设定成女性成功之路上的反派。很多时候，人是要有一个爱他的家庭，才能在外面获得成功的，女性也不例外。

花木兰不是主动去当兵的，她是因为当兵的任务摊派到了她家时，才替她阿爷去从军的。如果她不是很爱这个家，如果她跟阿爷有很深的积怨，就不会有从军的动机了。当兵打仗不是小事，是会送命的。花木兰替父从军，是在用生命保护她的父亲。如果不是阿爷非常疼爱木兰，如果木兰讨厌这个家，她尽可以早早嫁人，然后以女德为借口，与这个家斩断联系。

《木兰辞》开头写木兰在织布，织布是一件看起来很女性化的事，跟后面木兰取得的辉煌战绩形成了鲜明对比，这个对比给人留下了深刻的印象。读者总是忍不住想象，木兰怎样处理她的女性身份呢？

花木兰是家里的二女儿，是最不被寄予期望的孩子。按儒家的规则，儿子比女儿地位高，长女比次女地位高，所以她对家庭没有多少责任。

迪士尼拍的动画电影《花木兰》里说，花木兰负有光宗耀祖的使命，实现这个使命的途径是嫁个好人家，这是不可能的。只有儿子负有光宗耀祖的使命，女儿没有。说女儿不结婚会给家里丢人，这是近几十年才有的观念。古代的姑娘，特别是身心没有大毛病可以织布的姑娘，是不可能嫁不出去的，因为女性是稀缺资源，"有剩男无剩女"。赶上刻薄一点的父母，还会阻挠女儿出嫁，想把女儿留在家里干活，所以北朝会有"老女不嫁，踏地唤天"的乐府。阻挠女儿出嫁的父母，会被指责没有良心。如果真像电影里演的那样，姑娘要通过媒婆的考试才能出嫁，那北朝的父母可就乐坏了，但是北朝的小伙子就更娶不到老婆了。

古代的女性，本来就不接受教育，再不知书达礼，总是不愁嫁个人的。最多是嫁过去以后，如果不贤惠，会被人骂她娘家没有教养。这已经是很讲究的人才会在乎的了。骂了也不会怎么样，他们也舍不得把媳妇退回去，退回去可能就再也娶不到这样的了。古代离婚没有冷静期，但是离婚率很低，大户人家丢不起人，小户人家丢不起钱。

既然闺女横竖都能嫁出去，嫁出去就是给婆家干活不是给自己家干活，那娘家爹妈肯定没有很强的动机花力气培养女儿。要培养，也是婆婆的事。这其实是重男轻女的出发点。从功利的角度讲，女儿是没有用的孩子。在这种社会意识下，父母多关注能给自己养老送终的儿子，也是必然的。

但是，人除了功利心，总是有感情的。特别是过得比较好的家庭，会为感情牺牲一定的功利。别说是亲生女儿，就算是养了一只猫，你也会疼爱它，愿意为它花钱、花时间的。猫不能给你养老送终，但是它在当下带给你的快乐，也值得你为它付出了，女儿也是一样。军户在当时享受一定的优惠，应该是过得比较体面的人家，他们更有可能腾出手来，疼爱不怎么有用的女儿。

中国有一个说法，爹不疼臭小子，都疼女儿。这其实是男权社会的现象。爹疼爱女儿，正是因为她没用。人其实都不爱干有用的事，爱干没用的事，你摸鱼搞副业的劲头，永远比上班干本职工作的劲头大，这是人性，没办法。在男权社会，养儿子相当于本职工作，养女儿相当于副业，养女儿的积极性当然会高于养儿子，不管有什么封建礼教拿鞭子在后面抽着也没用。花木兰不仅是女儿，而且是二女儿，是副业中的副业，她的阿爷倒有可能是最疼她的。

花木兰是家里最不必承担光宗耀祖任务的人。阿爷阿娘已经为她的人生做好了规划：嫁到一个门当户对、知根知底、大概率也是军户的人家。花木兰不需要很努力就可以达到这个目的。在中国的基层社会，"有剩男无剩女"，有生育能力的女性永远是紧俏的资源。姑娘只要没有残疾之类的大毛病，哪怕性格不太好，也是"嫁得出去的"，可以嫁到和娘家条件差不多的人家。如果头脑清楚一点，明白本阶层的社交礼仪和生活常识，就可以"当家"了，是好媳妇了。至于绣花的手艺、做饭的花样、知道茶壶的壶嘴应该朝哪边放之类，就不是普通人家讲究得起的了，想让闺女攀高枝的才会教这些。花木兰擅不擅长做家务我们不知道，但即使不太擅长，最多是攀不了高枝，并不影响她嫁人。花木兰的智力水平肯定不低，给一个普通军户当家绰绰有余。更何况，她起码是会织布的，是能给家挣钱的，这比会倒个茶摆个碗要高级多了。这样的闺女，邻居大娘婶子就算平时嘴上嫌弃两句，真到要说媒的时候，肯定没有不想抢回家当媳妇的。

花木兰的父母生活安稳体面，看上去也都是老实厚道的人，他们对木兰没有什么期望，应该只会希望她的人生平稳，得到普通女性的幸福。攀高枝太辛苦了，他们只希望女儿能轻松。如果女儿不擅长做家务，他们会埋怨两句，但也没什么必要逼她。至于比攀高枝更辛苦的事情，他们更是没想过让女儿做。他们已经计划好了，女儿出嫁时，会送出一份"随大流"而略为丰厚的嫁妆。如果女儿被婆家欺负，他们会和儿子一起，帮女儿撑腰，但他们总是希望女儿能"有个归宿"，生儿育女。如果女儿真的嫁不出去，或者被休弃回家，他们也会尽力接纳女儿，说服儿子儿媳在他们去世后继续照顾他们的女儿，但那样就不太完美了，因为他们觉得，那样女儿的人生会不幸福。大多数有女儿的普通中国父母，都是这么想的，说不上男女平等，但也不至于太过刻薄。

总之，如果没有触发从军剧情，花木兰在婚恋市场上应是处于有利地位的，我们没必要为她的婚事操心。

花木兰能替父从军，这不是一般女孩子能做到的事，因而被视为了不起的孝顺。而且她这个孝顺还很有脑子，不是割股疗亲那种。一个有脑子的人特别孝顺，一定不是因为被封建教条洗脑了，而是因为他特别爱父母。这样的人之所以会特别爱父母，是因为父母特别爱他。明白的人，对领导尽忠，对父母尽孝，一定是因为感激领导和父母对他的好。如果领导和父母没有做到该做的，他会走得比谁都决绝。如果愚钝的人，领导和父母对不起他，他还要模仿明白的人报恩，那就是愚忠愚孝。花木兰能女扮男装从军，肯定是个明白人，所以她替父从军，一定是为了报答父亲对她的爱。如果父亲在家天天逼着她做家务，逼着她嫁人，她肯定就没这份心了。

父亲最宠爱的女儿，总是会有一点像男孩，其实不是像男孩，只是不太往社会认同的女性形象去发展。波伏娃说："女性不是生成的，而是造就的。"特别宠爱女儿的父母，舍不得如此"造就"女儿。

一些保守的男性，会认为女性的工作能力不如男性，但他们对"假小子"多少会有一点敬畏。因为，"假小子"更可能是像男人一样"能打"的，那些打扮得很漂亮的女人才算是女人，才是"花瓶"。当然，这个理论现在已经不适用了，打扮漂亮的女性也有的是"能打"的，但是打扮漂亮的女性多半是作为女性受过伤害的，"假小子"才是一直受到娇宠的。

我青春期的时候听过一个论调，"花木兰式的女权主义是不好的",让女性变得像男性是不好的。我当时看到后很恐慌,因为我就挺像男孩的。所以我做了很多努力,想让自己变得"女"一点,但总是不太成功。我的父母也在或明或暗地跟我说:"放弃吧,你玩不了这个。"于是我终于放弃了。

花木兰大概是从小就有点像男孩的吧。不是被父母逼出来的那种像男孩,而是被父母放纵出来的像男孩。不是多做一点男孩的事,只是少做一点女孩的事。花木兰如果做不好女孩子的事,父母应该不会特别责备她,只会说"你快别干了"。如果责备得狠,她就会努力变成女孩子,然后早早地、头也不回地嫁出去了,哪有什么替父从军的故事。

花木兰对于父母给她安排的人生,应该是大体满意的。虽然,"你是没有用的孩子"是个令人沮丧的设定,但毕竟,父母的下一句是"所以我们要加倍保护你",而不是"所以我们要扔掉你"。对于这样的父母,花木兰是特别感激的,会觉得无以为报。"他们对我付出了加倍的好,我却没有用,不能为他们做什么。"这是一种不平衡的心理。一旦有一天,花木兰发现,自己对父母是有用的,那她就会爆发出强烈的动机,要报答父母的恩情,要证明"我可以"。越是不被父母重视的孩子,一旦有了机会,就越是对父母好,就是因为他们想要证明自己,想要找回童年缺失了的认同感。

花木兰的阿爷大概不会相信女儿真的是军事奇才，但哪怕是当个笑话，也会到处跟人家说："我闺女比画那两下，还真像那么回事。"旁人也会顺势恭维，"那是，不看看是谁的女儿""到底是几辈子的军户，连闺女都能来两下子"。阿爷也许会半真半假说两句"女孩子长大了就不行了"这样的话，但总是会掩饰不住骄傲。这也会成为花木兰童年的骄傲。为了更像阿爷，为了让阿爷骄傲，她也会多学一点武艺。十里八乡的人都会知道，有一个军户家的女儿，武艺特别厉害。

花木兰是心疼她的阿爷的。即使是再粗心的女儿，也总是很能体察父亲的心。她看见阿爷老了，弟弟还小，顶不上来，她会替阿爷感到遗憾。作为军户的女儿，她从小听过太多的大道理，当然知道为国出征、战死疆场是光荣的事。但是，"没有用的孩子"总是会注意到更多的小道理。她注意到，她的阿爷是真的老了，不能跟小年轻一样上战场拼命了，但是军户制度对她的阿爷并没有更多的体恤，官老爷们闭着眼拿他当傻小子使唤。木兰这时候的想法是，"我不管你们的大道理，我只想保护我的阿爷"。所谓孝道，其实无非是这样，无非是在一个让人感到不安的制度面前，选择与自己的父母站在一起。你们说得都对，但是这是我的阿爷，他在我没有用的前提下还选择照顾我，把我当做他的星星，我们之间有过无数阿爷与女儿的小秘密，无数温暖的瞬间。所以，没有用的孩子，现在要来拯救她的阿爷了。

　　花木兰的这种精神，也是一种侠义的精神。我感觉这个制度不对劲，我当然不可能凭一己之力推翻这个制度，那么我能不能想个什么办法，在这个制度内部，和这个制度开个玩笑，来实现局部的公平呢？当然，在一个制度内部和这个制度开玩笑，不是一件容易的事，需要你这个人很有本事，并且经常需要你自己做出牺牲，所以侠客总是很有本事的人，也是很有牺牲精神的人。

　　花木兰发现阿爷已经不适合上战场了，但是军户制度还是在点着名叫他上战场。她的第一反应应该是特别痛恨这个制度，之后马上想到，让这个制度消失是不可能的，把气撒在征兵的人身上也没用。当一个人发现自己的至亲受苦，而且这事无法抗拒的时候，她会自然地产生一个念头："我要是能替他就好了。"这其实是反抗外部世界感到无力之后，产生的自我攻击念头。更令人沮丧的是，"替阿爷上战场"还真不是不可能的事，只不过这件事的门槛是，你需要是个男孩子。偏偏木兰不是。她有这个心，但是就差一步，因为一个她无法改变的原因，不能实现这个愿望。这时候木兰会由衷地想："我要是儿子该多好啊。"

　　甚至，木兰会在一瞬间想到，邻居家因为没有男丁，出了个丁女去押运粮草。她会想，她也可以去押运粮草啊，她可以替阿爷去吗？但是她随即想到，有阿爷在，征兵的人肯定不会同意带一个丁女走的。

这时候，木兰会很生气，难免想到，"其实我比儿子不差什么啊，我也会武艺"。这时候，一道闪电照亮了她的脑海："对啊，我也会武艺，我何必押运粮草呢？我可以直接上战场啊。我打扮成男的，谁还能看出我是女的呢？"

她越想越觉得有道理："反正我在家里也是没用的孩子，让阿爷留在家里，他还可以支撑门户。阿爷干的那些活，我可干不了。"她最大的本事就是跟阿爷学的武艺，要想救阿爷，当然是靠自己最大的本事了。

想通了这个计划，木兰甚至激动起来了。她终于可以顶一个儿子用，报答阿爷了。这是一种"被需要"的感觉，足以调动起一个人最大的潜力。回过头来想想："我的女性身份又算得了什么呢？我就是最合适的替父从军人选啊。毕竟，全家谁也没有我武艺高，我不去谁去呢？"

这时候的木兰，并不真的相信自己会比军队里的男人厉害，她会以为，自己的武艺只是糊弄事的，真上战场，十有八九会马上倒下。"但是，总比弟弟强吧，他还那么小。"

木兰说出这个决定的时候，她的父母一定是惊愕而悲痛的。这个父母怀里的娇宝贝，父母连涂脂抹粉、描龙绣凤的事都舍不得让她做,现在她突然说要上战场,要扛着武器飞越关山,去接受生死的考验,这让父母怎么舍得呢?

但是在一瞬间,阿爷阿娘从女儿的眼中看董了她的愿望。原来,女儿除了想报答父母,更是天生怀有驰骋疆场的渴望。木兰是那种会去追求自由的生命,是天生就属于战场的灵魂。相比之下,女性的肉身带给她的拖累,显得那样微不足道。

中国人是为别人着想的,但是为别人着想,不意味着要埋没自己的梦想。"鱼我所欲也,熊掌亦我所欲也",一个人不可能只有一个梦想。那么,我们就从几个梦想里,挑一个最为别人着想的去完成。

如果木兰的梦想就是涂脂抹粉,那不管怎样感激父母,也不必去从军。不过,很多女孩梦想的生活,是木兰不擅长的。除了从军,木兰也会有别的梦想,比如安安稳稳地做别人的妻子、母亲,一面替婆家"当家",一面时不时回来看看父母。只不过,现在看来,如果她去当兵,可能会对父母更有利一点,"我不去怎么办啊"。反正,"我也一直就有驰骋疆场的梦想"。就这样,木兰在几个梦想中挑了一个。

木兰不会对父母说,"我不去怎么办啊""我要报答你们的恩情"。因为她知道,如果这么说,父母一定会回答,"咱们家还没到要你顶着的份儿上""我们不要你的报答"。她会说:"这是女儿一生的梦想,请你们成全我。"这句也是实话,只不过不是全部的实话。一贯宠爱女儿的父母,只有对这句话是无法拒绝的。

女儿上战场,就跟儿子上战场不同了,父母不指望她建功立业,只盼着她平安归来。父母会对她说:"一定要保护好自己啊;你去顶两天,就赶紧回来,换你弟弟去;你尽量找个不上前线的活干干;实在要上战场,你别跟那些男的争功去,尽量别往前头跑。"

没想到,花木兰没倒在战场上,也没去后勤岗位,反而战胜了无数男性对手,成了英雄。阿爷的星星做了阿爷做的事情,成了阿爷,又超过了阿爷,阿爷的星星变成了一条龙。多少望子成龙的父母期望儿子做的事,被这个受尽娇宠的小星星做到了。

现在,这条龙衣锦还乡了,阿爷要怎样迎接他当初的星星呢?

木兰的阿爷阿娘,互相搀扶着,走出城郭去迎接女儿。十二年了,他们已经老到要互相搀扶了,大概平时也不怎么出门了,但是这回,他们是说什么也要走一趟了。他们太渴望早一秒钟见到他们的小宝贝了。他们甚至还想早一秒从他们的小宝贝手里接过沉重的武器,替她扛一会儿,尽管她现在已经是一位前呼后拥的大将军了。这一路,他们想必也收获了父老乡亲们的钦羡与赞颂。

木兰的阿姊和小弟，在家里准备迎接她。阿姊打扮得漂漂亮亮的，想以最好的面貌迎接妹妹。阿姊不像木兰，她是一个普通的女人。她证明自己的方式，就是穿上漂亮的衣服；她对人好的方式，就是烧一桌可口的饭菜。父母可能在她身上寄予了多一点的期望，期望她作为长女，能嫁进高一点的门第，照顾一下弟弟妹妹。她多半也令父母失望了。她可能嫉妒过妹妹，从父母那里争夺过妹妹的宠爱，嘲笑过妹妹不会生活。但那都是童年的小事了，现在妹妹变成了龙，这也是姐姐的光荣。

按说，十二年了，阿姊早就出嫁了，但是她就这么自然地出现在了迎接木兰的阵容里。也许，她遵循着"长女不嫁"的古老传统，一直留在父母家里，帮父母一起拉扯弟弟；也许，她嫁到了邻居家，隔三差五就回来看看；也许，她虽然出嫁了，但是丈夫早亡或者远征，她就"回娘家泡着"了。总之，阿姊和娘家的关系，仍然是很亲密的。在今天的河北，如果出嫁的姑娘不和娘家"拉扯"，也是要被周围人笑话的。阿姊仍然和娘家拉扯着，娘家也没因为她在娘家多吃两天饭而嫌弃她。"嫁出去的女儿是泼出去的水"只是说说的，自己的女儿永远是自己的女儿，不管她是成了天子面前的大将军，还是成了别人家的媳妇。

小弟为了迎接二姊回来，"磨刀霍霍向猪羊"，以一个朴实刚健的形象留在了这张大合影中。按说，十二年了，小弟怎么也成年了，他都能"磨刀霍霍向猪羊"了，比起"去时里正与裹头"的那位，他显然更应该上战场。但是他没有去，也在家泡着。大概是木兰心疼他，并没有像阿娘嘱咐的那样，应付两年，就换弟弟上场。在旁人看来，弟弟已经成年了，但在木兰眼中，弟弟永远是孩子。应付着应付着，木兰就变成有军衔、有爵位、在战场上游刃有余的英雄了，就更没有小弟上场的份儿了。这一家子里，要说最应该感谢木兰的，其实还是这位小弟。花木兰其实也是一个"扶弟魔"。

　　中国的传统里，姐姐是弟弟的守护神。所谓"老女不嫁"的传统，除了为照顾父母，多半也是为了照顾弟弟。当然，要是大家都"老女不嫁"，那娶不上媳妇的小伙子肯定要不高兴了。所以，他们就跟有弟弟的姐姐们妥协谈判："你嫁给我，结婚后可以继续照顾弟弟，好不好？"就像今天的小伙子跟要念书的女生们谈判："你嫁给我，结婚后可以继续读博士，好不好？"经过博弈，已婚女性可以继续照顾娘家弟弟，成了不成文的规矩。

　　在古代，女性自己也是靠丈夫生活的，她要补贴弟弟，就得拿丈夫的钱。日子长了，丈夫难免有些抱怨，也是可以理解的。所以一些封建士大夫的家训、女德中会强调已婚女性不能补贴娘家。现在的女性如果自己挣钱,那她自己的钱花到哪里,是她的自由,自然跟古代的女性不同。当然,人首先要过好自己的日子,这是孝道之始;结了婚的人,已经从父母家独立出来了,伴侣才是最亲的人,先要过好小家庭的日子;在家的时候,如果跟兄弟姐妹关系不好,那么将来发达了,也没有义务帮他们。这些都是人的自由,原生家庭应该允许人有这个程度的自私。但如果一个人日子过得很好,力所能及的情况下,想要拿自己的劳动所得,帮助一下他喜欢的兄弟姐妹,这同样是他的自由,同样是应该允许的自私。只要不影响小家庭生活,只要不超出自己对小家庭的贡献度,对于"扶弟魔",我们应该给予理解,不必还拿几百年前的老眼光看。

兄弟姐妹等于是从小的朋友,如果有缘分,那么彼此就是人生路上互相扶助的战友。一个人,还是应该尽量帮助自己投缘的兄弟姐妹,这也是人生的一种储蓄。要是都像封建社会那么要求女性,不许读书,不许工作,私房钱不许存,父母兄弟不许拉扯,不许对人生做任何投资,一旦被丈夫抛弃,就注定要生计无着了。所以,不能上他们的当。

花木兰的姐姐和弟弟都泡在家里,说明这一家人的关系很和睦,父母对孩子很宽容,没有非要把他们撵出去的想法。他们不是那种,孩子年龄稍大一点,就呼天抢地,逼着孩子去相亲的父母。这种无条件包容孩子的父母，宁可孩子变成"家里蹲""啃老族"，也不舍得违逆孩子的心意，但恰恰只有这种父母养出的孩子，才能创造奇迹。

花木兰能战胜敌人，是因为哀兵必胜，没有用的孩子总是战胜被寄予期望的孩子。而世界之所以还没有被没有用的孩子全部占领，是因为这里有一个死结，没有用的孩子一般不会走上战场。没有用的孩子要走上战场，需要一个很大的能量。这个能量就是爱，因为被爱，因为感激爱，花木兰才会去打仗。等真的到了战场上，又是被爱过的孩子能战胜没有被爱过的孩子。因为被爱过的孩子更坚韧，她藏在心底的爱，能帮她抵御外界的寒冷，能让她明白自己要的是什么。所以，没有用而被爱过的孩子，才是战场上的赢家。

"没有用"和"被爱过"，是一对矛盾。要什么样的傻瓜，才会加倍去爱一个没有用的孩子呢？韩非子说，"慈父不能爱无用之子"，对没有用的孩子继续付出，这是比女人打败男人更大的奇迹。英雄往往是矛盾的综合体，因为能让一对矛盾在生命中和谐共处的人，是极少数的人。花木兰就综合了"没有用"和"被爱过"这一对矛盾。这是中国式的英雄，中国式的奇迹。

罗琳在《哈利·波特》里说："爱是最伟大的魔法"。这不是一句随口组合的鸡汤，而是一句最玄妙的咒语。只有为了爱，人才会去做没有人会做的事。因为爱，父母会善待不被看好的孩子；因为爱，不负有责任的孩子会为父母考虑。因为爱，父母会无视重男轻女的社会意识；因为爱，孩子会帮父亲躲避整个社会都认可的军户制度。因为爱，跳出社会规范之外的人，会降临红尘碾压庸碌的对手；因为爱，战士可以无视满身的伤痕与疼痛，与整个世界的压力忘情厮杀。只有爱可以创造奇迹，这是一件特别实在的事。

木兰回到家里，化了一个特别精致的妆。这也是中国人特别喜欢的矛盾统一，战斗力爆表的大英雄，穿上女装还是个美人。作为被阿爷宠爱的孩子，花木兰应该是不擅此道的。不过，九死一生从战场上回来了，偶尔化一次妆，也是可以的。毕竟，谁不想漂漂亮亮的呢？就是在男人里，还有那么多女装大佬呢。直男偶尔穿个女装照个相，也不说明他们想嫁人，只是人都爱漂亮而已。

说起来，阿姊迎接木兰是化妆，木兰回来还是化妆，艺术上有点重复了。好在，写木兰化妆，有它的功能，功能就是和前面的战斗英雄形象形成反差，令人惊艳。木兰进入她的阁楼前，还是一个威风八面的将军，门一关一开，再出来的就是一位美丽的女郎了。这个舞台效果是非常好的。

木兰进入的，是她旧日的闺房；穿上的，是她旧日的衣裳。在更衣化妆的过程中，一分一秒都充满了旧日的回忆，就跟谢灵运写"故池不更穿"的心情是一样的。木兰是在跟外面的围观群众开玩笑：你们看，你们的大将军，还是这么一个小美人呢。她更是骄傲地向世界宣布：你们敬仰的大将军，无数男人在战场上输给的这个人，在家的时候，不过是这么一个穿着女装、贴着花黄、没人看得起的二丫头。不被人看得起的孩子，在成功之后，向世界展示自己卑微时的样子，也是一种胜利者的姿态。

南朝萧梁有一位将军，叫曹景宗，他有一回战胜归来，在皇帝面前写应制诗说："去时儿女悲，归来箫鼓竞。借问行路人，何如霍去病？"曹景宗不是诗人，他的这首诗，反映了胜利的军人真实的想法。之所以"去时儿女悲"，是因为走的时候，亲友都不相信他能赢，所以都悲悲切切的。结果他赢了，因为哀兵必胜，回来的时候箫鼓齐鸣，好像他从来就神勇无比。看着这场面，他很感慨，人们已经忘了他走时的凄凉，但他自己忘不了。他感慨自己走到这一步是经历了怎样的奇迹，感慨中又有些得意，你们这些当初不相信我的人，现在还说那样的话吗？其实，当初他自己也没有多相信自己。

花木兰这时候的心情，跟曹景宗是一样的。她出征的时候，比曹景宗要凄凉一万倍，谁相信她会赢呢？

花木兰穿上女装一出来，围在旁边等着看热闹的她的战友就沸腾了:"没想到花木兰是个女的啊(还这么漂亮)!"仗打赢了,好像只有花木兰一个人需要回家,她的战友们都不回自己家,都跟到花木兰家来看热闹了。

同行十二年,都没发现花木兰是女的,这个简直是又一大奇迹。于是有人很认真地讨论,为什么战友们没发现花木兰是女的。

我们中国人,如果想要跟你维持友好关系的话,往往是会"看破不说破"的。如果你最后摊牌了,他会说"真没看出来",越是这么说的人,越是早就看出来了。花木兰的"伙伴"们这么"惊忙",其实都是故作"惊忙",恰恰说明他们早就知道了。这帮没良心的臭小子,打完仗都不赶紧回去看爹妈,先跟到花木兰家,就是等着花木兰"变成女的"这一出大戏。

比起让整个军队都看不出花木兰是女的,还是让整个军队都看出来了但是不说更现实一点,毕竟,这支队伍里都是中国人。

一个中国少年,如果发现他的战友是女扮男装,他会第一时间叫嚷出来吗?也许会,但这种人在战场上就是送人头的。一般人马上会想,只有我看出来了吗?别人应该也看出来了吧,为什么他们都不说呢?是不是说出来了会对我不利,或者冒犯了整个集体的什么利益?如果我说我看出来

187

了，周围的人会不会觉得我思想特别龌龊？唉，算了，反正这个花木兰性格也挺好的，我跟她也没仇，多一事不如少一事吧。谁要说谁说去吧，反正我不得罪这个人去。再说，她一个女孩子，这么做，一定有什么难言的苦衷吧，怪不容易的。军队里有一个女孩子也挺好的，又没碍着我的事。

即使有傻子说破了，甚至跟花木兰有仇的人抓住了把柄去举报，周围的人也都会替她遮掩。别说跟花木兰交情不错的人会跟她"亲亲相隐"，就是交情一般的人，也会信奉"大事化小，小事化了"的原则，能不生事就不生事。何况这件事对集体没有什么实质性的危害，何况花木兰还那么能打，何况花木兰的人缘多半还不错。就这样，大家都心照不宣地沉默着。只有大家都心照不宣了，才可能不管出现什么破绽也没人看见，因为你永远无法叫醒一个装睡的人。

在男权语境下，"没看出来你是女的"是一种恭维。你可以选择不接受这种恭维，但不能不知道这是一种恭维。花木兰的战友说"不知木兰是女郎"，意思不是字面上的"不知木兰是女郎"，而是说，你太能打了，比男的还能打，"一点看不出来是女的"，是对她的战斗力的歌颂。也是在说，你取得今天的成绩，完全是因为你自己的实力，我们没有因为你是女的而格外照顾你。

这里面，伙伴们还有一点调皮，好像在"对暗号"："我没看出来木兰是女的,你们看出来了吗?是吧是吧,没有吧!"战友之间,要是连这点默契都没有,哪能打得了胜仗?仔细想想这时候伙伴们的表情,其实非常可爱。

花木兰这时候接的话,也很调皮,同时也很得体。"雄兔脚扑朔,雌兔眼迷离。双兔傍地走,安能辨我是雄雌。"就好像兔子被拎起来的时候,能看出是公兔子还是母兔子,要是两个兔子一起在地上跑,哪能看出来是公是母呢?要是在家的时候,我穿着这身衣裳,哪能看不出来我是二丫头呢?就是因为到了战场上,所以看不出来啊。战友们帮她圆谎,她也帮战友们圆谎。在家里穿这身衣裳,当然不可能认不出来,但是在战场上,难道就认不出来了么?这里花木兰是硬说,到战场上就不一样了,就认不出来了。这其实是一个并不恰当的类比,兔子跑起来只是跑一下,哪能跑十二年都认不出来呢?这是花木兰故意拿不恰当的类比来遮掩。她其实也是在回应战友们隐含的恭维,意思是说,你们认不出我是女的,不是因为我打仗特别厉害,而是因为在战场这个环境下,没人注意这个罢了。同时,一个大英雄,把自己比作兔子,也是有自谦自抑的意思。作为一个胜利者,木兰这话说得很可爱,一点都没招人讨厌。

当然,谦虚归谦虚,谦虚者的内心总是很自豪的。花木兰收下了战友们的赞美,心里美滋滋的:"你看,我打仗就是厉害吧，都没人发现我是女的。"

既然战友们其实都知道花木兰是女的，那这么多年，这帮少男心里对她有没有什么想法呢？

有一种很俗的写法，就是一旦写到女的干工作，就写她天天不干工作，就跟各种男同事谈恋爱。更俗的写法是，不干工作，就跟一个男同事谈恋爱。一谈恋爱，还就谈得特别深。不管设定多么强悍的女人，一旦谈起恋爱来，就浑身冒着傻白甜的粉红色泡泡。

事实上，对于并肩作战的战友，中国人是不会有任何想法的。中国人的婚姻理想里，一直有根深蒂固的"男高女低"的意识。同事间可以谈恋爱，但男方一定是工作能力强很多的。一旦男女同事之间是并肩作战的关系，所有人，包括男方自己，就会认为男方"配不上"女方了。所以，并肩作战的男女同事之间，大家会自觉地回避恋爱。中国人会回避跟同事谈恋爱，跟武官会回避做文官，是一个原理。回避是因为旗鼓相当，不是因为真的看不起，也不是因为真的低人一等。

除了不谈感情，大家永远是最好的哥们，工作中的熟悉和默契是有的。战斗中一旦有人请求支援，另一方一定会排除万难来支援，就跟同性别的战友没有两样。

也许，在深夜的梦中，有人会梦到异性的战友，在模糊的潜意识中，误把她当成一般的异性，就像贾宝玉梦到秦可卿那样，但这并不是爱情。也许，他们在无数年之后回味，在战场上朝夕相处的日子里，某一个不小心的身体接触，会有一丝暧昧的温情，就像《红楼梦》中写到的那些小细节一样，但是，一切仅此而已了。天亮起来之后，战友之间还是可以坦诚相对。战争结束后，战友们还是会各自组建家庭，就像同性别的好哥们也会各自组建家庭一样。

《木兰辞》到此戛然而止。有人说，《木兰辞》的思想真进步啊，完全没有讨论木兰的婚嫁问题。不像现在的人，看你读个博士，就开始说："你这么强，谁敢娶你啊？"

其实，关于这个问题，最东北的回答是："花木兰给家做这么大贡献，她弟媳妇还不得好好供着她啊。"

按照中国人的老观念，这种给家做出巨大贡献的女儿，是"有资格"不出嫁的。很多女孩子出嫁，并不是因为遇到了什么非嫁不可的人，而是为了给兄弟和他们的妻子腾出生存空间。一个女孩子如果留在娘家，很可能会连累她的兄弟娶不到媳妇，或者会受嫂子、弟媳妇的气。如果娘家允许女孩子留下，是很大的情分。一般来说，父母能说上话的时候，总会倾向于收留女儿，如果有人不同意，多半是兄弟的妻子会不同意。姑娘是否一定要嫁人，主要取决于兄弟妻子的态度。

前面说过，北朝的乐府里说，如果"老女不嫁"，她就会"踏地唤天"。这未必是她真有什么了不得的心上人，而是她明白，如果她一直不嫁，为娘家贡献劳动力，到头来仍然难免被弟媳妇嫌弃，还不如早早找个归宿。而从弟媳妇的角度来说，她则要讲良心，如果大姑子确实为家做过很大贡献，她是不能嫌弃大姑子的，否则就是忘恩负义。当然，什么样的贡献算是"大贡献"，这就很难定义了，又是各家的家务事了，这里面的事情，往往和亲情缠绕在一起，很难一刀切。

花木兰对家里的贡献是足够大了。花木兰从军，最大的受益人就是她的小弟。作为家里唯一的儿子，小弟可以成年了仍然不去当兵，弟媳妇对此是要心怀感激的。何况，差点做上"尚书郎"的花木兰，一定已经挣下了足以在老家过一辈子体面生活的资本，在经济上不可能给娘家添麻烦。老姑娘受嫂子弟媳的气，多半是因为她要在经济上仰仗人家。花木兰不存在这个问题，只有弟弟弟媳继续沾她的光。

我想，对于这样一位给家族带来荣耀的女英雄，花木兰的弟媳妇一定也是仰慕的，不至于拒绝和她生活在一个屋檐下。说不定，在弟媳妇看来，这个纵横南北、经历无数传奇的大姑子，比她那个一辈子守在父母跟前、只会杀猪宰羊的丈夫，更像是这个家的顶梁柱。

所以，对花木兰来说，嫁不嫁人，是无可无不可的事。她如果遇到合适的人，愿意嫁，也没人能拦着她。可汗给她的"赏赐"，她都应该当做嫁妆带走。如果不嫁，她也是有资格得到娘家人的优待的。没有人会追着她问："你不嫁人，到老了怎么办？"因为她已经凭自己的努力赢得了"有人养老"的资格了。这就是中国的规矩，每一条规矩都有非常现实的意义，可以随时为做出特殊贡献的人而改动。

阿爷的星星变成了龙，她就无须再寻找星星的归宿，而要获取龙的待遇。她为国为家承担了男人的责任，就应该被当做传统的男人对待。她不必再由阿爷托付给另一个男人照顾，而永远地成了家里的一员，成了阿爷的儿子，后人的祖先。

唐宋 文人的歌唱

李商隐的无题诗：诗可以这样精致

无题四首（其一）

来是空言去绝踪，月斜楼上五更钟。
梦为远别啼难唤，书被催成墨未浓。
蜡照半笼金翡翠，麝熏微度绣芙蓉。
刘郎已恨蓬山远，更隔蓬山一万重！

无题四首（其二）

飒飒东风细雨来，芙蓉塘外有轻雷。
金蟾啮锁烧香入，玉虎牵丝汲井回。
贾氏窥帘韩掾少，宓妃留枕魏王才。
春心莫共花争发，一寸相思一寸灰。

无题四首（其三）

含情春晼晚，暂见夜阑干。
楼响将登怯，帘烘欲过难。
多羞钗上燕，真愧镜中鸾。
归去横塘晓，华星送宝鞍。

无题四首（其四）

何处哀筝随急管，樱花永巷垂杨岸。
东家老女嫁不售，白日当天三月半。
溧阳公主年十四，清明暖后同墙看。
归来展转到五更，梁间燕子闻长叹。

无题

相见时难别亦难，东风无力百花残。
春蚕到死丝方尽，蜡炬成灰泪始干。
晓镜但愁云鬓改，夜吟应觉月光寒。
蓬山此去无多路，青鸟殷勤为探看。

无题

昨夜星辰昨夜风，画楼西畔桂堂东。
身无彩凤双飞翼，心有灵犀一点通。
隔座送钩春酒暖，分曹射覆蜡灯红。
嗟余听鼓应官去，走马兰台类转蓬。

无题

重帏深下莫愁堂，卧后清宵细细长。
神女生涯原是梦，小姑居处本无郎。
风波不信菱枝弱，月露谁教桂叶香。
直道相思了无益，未妨惆怅是清狂。

李商隐与无题诗

李商隐是晚唐地位最高的诗人之一。他的代表作知名度都很高，特别受年轻人的喜欢，我们今天学诗，也往往有从李商隐的七律入手的。也正是因为如此，李商隐经常被简单地视为一个七律高手。或者再简单一点，有的课本就只讲李商隐诗歌的讽喻，把李商隐看成了一个单纯的讽喻诗人。事实上，我们如果从文体学的角度审视李商隐，去看他作为一个创作者，如何选择和使用不同的体裁，那么还可以看出很多不同的东西。我们就以他的无题诗为例，讲解一下李商隐在文体使用方面的特点。

首先，简单介绍一下李商隐的生平。李商隐属于陇西李氏，而且还是非常远的皇家宗室。李商隐的父亲做到县令，在他很小的时候就去世了，所以李商隐就是普通老百姓家的孩子，出来做官没有什么依靠。幸运的是，他在18岁的时候得到了当时的文坛宗主令狐楚的赏识，跟在令狐楚身边充任幕僚，学习诗文创作，并且在25岁的时候进士及第。唐朝进士及第是很不容易的。当时有句话，叫"五十少进士，三十老明经"。意思是说，进士不容易考，50岁考上了，还算是年轻的进士；明经科就好考了，30岁考上明经，都算老的。当然这是夸张的说法，在李商隐身处的年代，正常的进士及第一般在30岁左右，和今天博士毕业的概念差不多。李商隐25岁就中了进士，也算是少年得志了。而且，李商隐进士及第以后，马上就被安排做了校书郎。这在进士里又是最好的出身，中古时代，这个职位经常是给贵族子弟的。李商隐后来不顺，是后来的事，年轻的时候，他是最令人羡慕的了。后来有人说李商隐是"轻狂从事"，至少，如果他想轻狂的话，还是有点资本的。

当时的文坛上有两拨文人：一拨是写古文和古体诗的，是学先秦汉魏的，讲究"文以载道"；一拨是写骈文和近体诗的，是继承从齐梁延续下来的传统的，比较讲究对仗修饰。官方的科举和文件是用骈文，古文是一种"在野"的文体。李商隐小的时候，也是写古文的，曾经因此得到一些下层文人的追捧。后来令狐楚看上他了，收他当入室弟子，他就跟着令狐楚，规规矩矩地学习写骈文和近体诗的技巧了。当上校书郎以后，李商隐在工作中接触到了很多齐梁时代的古籍。李商隐认真地阅读和模仿这些齐梁时代的作品，这种学习是没有什么功利色彩的，应该是出自他对齐梁诗风的真心热爱。我们今天理解李商隐的创作，不能忽视齐梁诗风给他留下的深刻印记。

用今天的话说，李商隐就是一个"六朝粉"，也就是六朝诗人的粉丝。但是，他跟温庭筠他们这些低端的"六朝粉"不一样。这种不一样一方面体现在体裁上，李商隐不满足于只是模仿齐梁既有的体裁，而是会把齐梁诗歌的审美追求引到唐朝人自己创造的体裁里来；另一方面体现在技巧上，他不仅仅满足于把事物写得很生动，而是追求通过把事物写得很生动，把人类的情感揉进去。这就是李商隐之所以为李商隐。

李商隐以七律著称。七律这种文体，在齐梁时代还没有出现。齐梁时代主要有两种体裁：一种是宫体诗，相当于我们今天的五律，齐梁时代已经有标准的五律；另一种就是歌行，讲格律的、转韵的歌行，就是后来林黛玉写的《葬花吟》那种，齐梁时代的人已经能写这种歌行了。五律和歌行是有分工的。借用陆机的概念，就是"体物"和"缘情"的分工。在齐梁时代，五律主要是用来写物的，也就是"体物"，比如写一个美女，头发什么样，手指什么样，一般用五律来写；歌行主要是用来写情的，也就是"缘情"，写起爱情心理来，比五律要酣畅淋漓得多，用来吐槽也好使。可以想见，五律是比较含蓄、比较安静的，歌行是比较奔放、比较有动感的。李商隐不是光会写七律，他的五律和歌行都写得非常好，可见他学齐梁是下了功夫的。

七律出现得比较晚，在武则天以后才定型。每一个新文体，在定型之初，往往都是做应制诗，所以没有强权人物的支持是不行的。七律也是这样。这也是武则天给中国诗学做的贡献。

　　七律的七言像歌行，八句像五律，是在歌行的基础上，借鉴了五律的经验创造出来的，就像是歌行和五律生的孩子一样。七律吸取了父母双方的优点，比歌行规矩一点，比五律变化多一点。一首好的七律，飘逸的地方应该像歌行，端庄的地方应该像五律。所以，七律写好了，既能像五律一样体物，又能像歌行一样缘情。

　　齐梁时代没有七律，但是有五律和歌行，所以七律所需要的体物和缘情的技巧，都是存在的。李商隐从齐梁学来的本事，对他写七律也是大有好处的。

　　李商隐的诗，有很多是无题诗。为什么有的诗会没有题目呢？所谓无题诗，大概有几种情况：一种是本来就没有诗题。早期的诗经常是没有题目的，因为那时候不重视诗的题目，这些诗还带着乐府的特点。王国维所谓"诗有题则诗亡"，说诗自从发展出了题目，就变得不好了。这个说法当然有点夸张，但是也说明，早期的诗是可以没有题目的。在李商隐的时代，诗大多是有题目的，但是李商隐是学六朝的，他应该知道，六朝有一些诗就是没有题目，或者说，诗是可以没有题目的。第二种情况是，本来有题目，但是后来题目丢了。在六朝和唐代，这种情况也很多。那时候还没有印刷术，只有手抄本，我们抄一首诗的时候，经常会不全抄，因为抄全很麻烦，经常是只抄我们感兴趣的一部分。久而久之，诗的题目就丢了。之所以会丢，本质上还是不重视，因为那时候的人认为一首诗可以没有题目。第三种情况，就是作者故意不加题目。之所以不加，是因为诗的创作背景不好直接说出来。不好说出来，一种可能是在讽刺现实，另一种可能是情诗，而且是不能公开说的感情。李商隐的无题诗，两种情况可能都有。

无题四首，各不相同

李商隐有一组四首的无题诗，其中有两首七律、一首五律、一首歌行，两首七律又分别偏重于体物和缘情，形式多样，又很典型，正好可以用来观察李商隐在同样的题材下是怎样使用不同的体裁的。我们先来看这组诗。

第一首七律比较偏体物，我们可以从中看出更多的齐梁味道来。这首诗的韵脚相当于二冬韵。韵脚的选择对诗歌的表达效果是有影响的，一种韵脚倾向于适合一种感情，语音的流变对这个影响不大，因为每一个韵部都有它自己的文化积淀。一般来说，二冬韵适合表达比较凝重的感情，浓墨重彩。二冬韵不太好用，但是李商隐用得是比较好的。

第一句，"来是空言去绝踪"，你来的时候，说来又不来，走的时候，却走得一点影子都不见。这一句写得比较空灵，好像对方是神仙，或者精灵。现实当然不是这样，最正常的现实是，这两个人是在秘密约会，是在谈一场不被世俗接纳的恋爱。

不被世俗接纳的恋爱，在现实中注定会有很多并不浪漫、并不洒脱的细节，李商隐只用其中最浪漫、最洒脱的元素来写，而且总是往神仙的方向写，这是他的风格。同样的事情，不同的作者来写，关注的元素就不一样，这就是风格的表现。

第二句，"月斜楼上五更钟"，深黑的天幕上，斜月倚着绣楼，五更的钟声从画外飘来，直接给你这么一个镜头。这是齐梁诗风的特点，特别有画面感，能用镜头说话，就不用旁白说话。首联交代了情境，也给全诗定下了一个调子，就是偏于物象，凝重幽暗，而且对现实细节不交代太多，有一种空灵浪漫的情调。

颔联，通过写物来缘情。李商隐的七律，中间两联，往往是一联偏写物，一联偏写情。这首诗虽然是比较关注物象的，但也有相对偏物和相对偏情的区别。这一联就是偏情的。

"梦为远别啼难唤"，注意"为"是"wéi"，不是"wèi"，通过平仄规则就可以判断。依依不舍的离别以后，主人公睡去，做梦梦的还是离别，所以在睡梦中哭了，叫都叫不醒。为什么叫不醒呢？因为在梦里舍不得分手，舍不得醒来。我们首先看他体物的功夫，他把这个场景写得特别真实。做着梦，在梦里哭了，叫还叫不醒，这个情景我们都是可以想象的，而且他还抓住了这个场景的关键，既简洁又传神。这个场面不仅很真实，还是有道理的，之所以叫不醒，是因为不愿意醒，在梦中分手都舍不得醒，可见醒着的时候如果真的分手，是有多舍不得。所以透过场景的真实，我们又可以看到主人公的深情。这句诗毫无疑问是在写物，但是通过物写出了情。

下一句，"书被催成墨未浓"，也是如此。首先，这个场景很有风情。主人公从梦中醒来，急着给情人写信。为什么要给情人写信呢？如果只是情人真的很远，需要报一声平安，干吗要"催成"呢？我个人觉得，这个可以从日本平安时代的《源氏物语》或者《枕草子》里得到一些启发。平安时代比李商隐的时代稍微晚一点，当时的日本学习唐文化到达了很精致的程度，正在疯狂崇拜白居易，《枕草子》的随笔也有一点模仿李商隐的痕迹，平安时代的风俗跟晚唐的中原虽然不能完全一样，但也可以互相印证。《源氏物语》里，拜访情人之后就是要写情书的，也经常会写到催情人回信，或者催情人答诗的情节。情书、情诗回得快，说明你才思敏捷，也说明你用情深，回得太慢是失礼的。李商隐写的，不知道是不是这种情况。

写情书还要"催"，而且写得很仓促，连墨都来不及好好磨，那么信的内容可想而知，也是很随意，带一点俏皮的。《枕草子》里面也提到过，男子访问过情人之后回来，睡眼惺忪，穿着一袭白衣，忙着写答书，这个情景很有意思。这里写的不是深情，不是庄重，而是风情。"梦为怨别啼难唤",是深情;"书被催成墨未浓",却是风情。两句用情的深浅是不一样的。

甚至,这个深情可能是套在风情里的。诗人在安慰情人,你别看这信我写得随意了一点,我是急着给你回信,才写得随意的,正说明我用情深啊。不信,你看我刚刚还在梦里,因为和你分手而哭了呢。之所以回信晚了,是因为舍不得在梦里和你分手啊。起晚了不说起晚了,说我对你一片深情。李商隐这个人虽然"轻狂从事",但是很会说话,这就是诗人。"书被催成墨未浓",这个现象本身就很有意思,但是现象背后的风情更有意思。这也是通过写物来写情。

颈联就是更典型的体物了。"蜡照半笼金翡翠",早上起来写答书的时候,天还没有亮,点着蜡烛,烛光照在绣着金翡翠的屏风上,只能照亮一半。这个情景很华丽,也写得很细。我们都没见过"蜡照半笼金翡翠",但是看他写,就感觉好像亲眼看见了一样。但是句子背后的意思就比较虚了,就写了一个天还没亮,至于主人公是什么心情,是百无聊赖,是洋洋得意,还是肝肠寸断,就留给读者去想象了。"麝熏微度绣芙蓉",室内燃烧着名贵的麝香,香气微微地吹过了绣着芙蓉的床帏。如果细抠的话,麝香这东西不是随便用的,《甄嬛传》不断给我们普及,说麝香会导致流产,会导致不孕。这都是古人的迷信,但是我们得知道,古人确实有这样的观念。用麝香，可能暗示不是良家女子，或者是不被喜欢的女子，有一点淡淡的哀怨在里面。但是总的来说，这个情写得很虚，重点是在物象上。我们欣赏这一联，主要是欣赏他把物象写得特别漂亮，情不是重点，这就是典型的齐梁风格。我们今天读李商隐的诗，老觉得读不懂，因为李商隐已经被经典化了，我们总是希望他的诗每一句都有特别深的意思。但实际上，很多诗句可能就是没有太深的意思。非跟他要意思，就读不懂了。

尾联，"刘郎已恨蓬山远，更隔蓬山一万重"，神仙居住的蓬莱仙山，对我们凡人来说已经太远了，更何况我和你的距离，比蓬莱仙山还远了一万倍呢。这两句写得有点敷衍了，有点草率，这种"书被催成墨未浓"的风情之作，难免如此。这首诗重点就是欣赏中间两联，写得很漂亮，体现出经营物象的优势。特别是颔联，写物能写得真实，又能写出情来，这就是经典之作。

第二首七律，相当于十灰韵，十灰也不好用，色调比较暗，用不好容易显得平，《红楼梦》里只有李纨用这个韵，小姑娘不爱用。这首诗是写情的，物的色彩就淡一点，更像晚唐的风格。一开始，"飒飒东风细雨来"，明白易懂，句法很自然，景物很清新。"芙蓉塘外有轻雷"，可以理解为白描，开着荷花的池塘旁边，有一片阴云，轻轻地打雷；也可以理解为比喻加用典，说心上人的车从开着荷花的池塘经过，声音就像轻轻的雷声一样，这是借鉴司马相如《长门赋》里的典故。这个"雷"字押得很险。一般说来，"雷"这个东西，没有柔美的，但是李商隐这句，把雷写得很柔美，所以这句很有名。首联一上来，给全诗定下了一个清丽淡雅的调子，语言也比较流畅易懂，跟前一首就不一样了。

颔联是通过写物来写情，写物本身的情，来比喻人类的感情。金蟾，就是锁上面的装饰，金蟾紧紧咬着锁，但是烧香的香气还是可以透过紧锁的大门，自由地飘出飘入。比喻人的爱情虽然受到禁锢，却还是会自然地生发出来，并且让对方感应到。玉虎，就是水井的辘轳上的装饰。"丝"是对井绳的美称。井绳紧紧地缠绕着辘轳上的玉虎，直到打水的人打到了水走开了。用辘轳和井绳的缠绕比喻两个人的感情牵绊在一起，密不可分。这两句写物也很准确，但完全不是为了写物，而是为了用比喻的手法来写情，有点民歌的意思。但是物象还是华贵的，不是民歌里能有的，这是李商隐的风格。

颈联借两个典故直接写情。"贾氏窥帘韩掾少"，说韩寿在贾充手下做幕僚，年轻貌美，被老板的女儿躲在帘子后面相中了，就想办法跟他私定终身了。后来贾充闻见韩寿衣服上有香味，这种香只有他们贾家才有，才知道幕僚变成女婿了。这个故事里有"香",跟上文的"金蟾啮锁烧香入"产生了奇妙的关合。"金蟾啮锁烧香入"既可以想象为贾氏和韩寿恋爱的场景,当时香气透过紧锁的门飘出,沾染了韩寿的衣袖,也可以理解为他们暗生情愫的比喻,两人的爱情像飘出的香气一样无法遏止。"宓妃留枕魏王才",据说曹丕的妻子甄氏欣赏曹植的才华,虽然不能和他在一起,但还是在死的时候留下一个枕头给他做纪念,后来曹植《洛神赋》就是以甄氏为原型的。这一句跟"玉虎牵丝汲井回"一句也有关联,写曹植和甄氏的感情纠葛,就像辘轳和井绳一样。我们今天不必知道李商隐的生活中发生了什么,让他想起了这两个典故。我们只需要感受到,颔联创造的两个比喻,对感情的描写十分到位,让颈联的两个关于爱情的典故焕发了新的生命。

有趣的是,这一联的两位女主,一个姓"贾",一个姓"甄"。李商隐是不是在暗示,爱情本来就是真真假假的呢?又或者,他只是玩了一个小花样。曹雪芹在给书中人物命名的时候,不知是否受到了李商隐的启发。

尾联是一句狠话。"春心莫共花争发,一寸相思一寸灰。"这份爱情,还是不要像春天的花那样,明丽而不可抑制地开放吧,要知道,今天多一寸的相思,明天就多一寸的绝望。他对感情的体察是赤裸裸的,道出的是你不愿意接受的现实，而他使用的比喻，使用的意象，仍然是唯美的。

　　第三首是五律，写得就比较简单了。这首相当于十四寒韵，这个韵比较好用，容易写得唯美，有点少女的感觉。首联交代背景，"含情春畹晚，暂见夜阑干"，在一个聚积了无限情思的暮春时节，我看着夜色弥漫在了四周。"畹晚"和"阑干"都是叠韵，都是赋爱用的词儿，意思比较虚，形式感很强。颔联是这首诗出彩的地方。"楼响将登怯，帘烘欲过难"，我看到你的帘子透出烛光、飘出暖香，知道你就在里面，但是我不敢进去。这两句是典型的宫体写法，但是并没有出现女性形象的描写，而只描写了奢华的物象：绣楼、垂帘。在"楼"上加一个"响"字，暗示安静的环境里木屐可能踩出来的脚步声；在"帘"上加一个"烘"字，暗示居室内的暖香。"将登怯""欲过难"，如果仅仅从体物的角度来看，是形容"响"与"烘"的程度，仍不失为不错的宫体诗。而李商隐在体物的同时，又看似不经意地映带出了主人公的内心活动。"将登怯"看起来是为"楼响"，实际上是怕楼响而让人听见，从而让恋情暴露；"欲过难"并非真是因为"帘烘"，而是一种爱情中的矜持，不愿越过垂帘而触犯嫌疑。李商隐没有写女主人公的容貌、装饰，但一面写女主人公所用器物的华丽，一面准确地传达出了爱情的心理，同样使作品富于阴柔的美，引人入胜。李商隐的体物总是映带感情，所以比原始的宫体诗更精确、更复杂，余味无穷。

　　后面一半在句法上仍然不失华丽，但是句意稍微有点草率了："多羞钗上燕，真愧镜中鸾。"我还不如你钗头的燕子，可以跟爱人成双成对；也不如孤独的鸾鸟，从镜中看到自己的影子，便得到慰藉而死去。"归去横塘晓，华星送宝鞍。"横塘的天色就这么亮了，我回去了，只有明亮的星星为我的宝马送行。这是宫体诗的特点，物象经常很精致，让人着迷，但是立意并不见得高。后来的人选诗的时候，《无题四首》里面经常不选这一首。其实，按照宫体诗的审美，这首诗也是很不错的，体物很精致，观察事物细致入微；抒情很含蓄，句意不一定很复杂。由此可以看出李商隐在写五律的时候，跟写七律的写法是不尽相同的。

　　第四首是一首歌行，押去声十五翰韵，开口大的去声，读起来比较有力量，适合表达强烈的感情。"何处哀筝随急管，樱花永巷垂杨岸。"什么地方传来急促而悲哀的音乐声啊？一般来说，雅乐都是比较慢的，快歌都是俗乐，所谓促柱繁弦。现在也是，快歌都是流行乐，比如《小苹果》，当然《小苹果》是急管不是哀筝，悲哀而且急促的流行乐也挺多的，现在网上的古风音乐经常是这类。筝和管，也都是俗乐爱用的乐器。好比说，现在有一架电子琴，在弹奏着急促而悲哀的古风音乐，想象一下这个场景。那么这个场景发生在哪里呢？开着樱花的长长的巷子，生长着杨柳的河岸。长长的巷子，有可能是歌妓住的地方，而杨柳，在我们的诗歌语境里，象征着离别。这个场景的设定非常写实，不像律诗里的场景设定那么朦胧，那么唯美。

这个住在永巷里的姑娘，和情人离别的场景是什么样的呢？"东家老女嫁不售"，直接说"老女"，不说"相思"什么的，直接说"嫁"，而且还嫁不出去，还用了个"售"字，卖不出去，用词挺直接的。"嫁不售"这个说法，李商隐是跟杜甫学来的，李商隐用字的狠，是有杜甫的影子的。

这里还化用了一句北朝乐府，叫"老女不嫁，踏地唤天"。老姑娘嫁不出去，跺着地面，骂着老天爷。这个场景一点也不含蓄，一点也不华贵，但是很生动，很可爱。这就是乐府的语言。这位送别的姑娘，李商隐倒没真写她"踏地唤天"，但是她心里就觉得自己是一个嫁不出去的"老女"，这种感情是夸张的，是向下的，跟律诗那种节制的、向上的感情不一样。这就是歌行和律诗写法的差别。"白日当天三月半"是比喻这位"老女"的，她正值最好的青春年华，就像太阳到了正午，春天到了三月半一样，是最鼎盛的时候，可是马上就要走下坡路了。

后面，用溧阳公主跟这位"老女"对比。"溧阳公主年十四，清明暖后同墙看。""老女"正当盛年，但是还单身，人家溧阳公主才14岁，还是个孩子呢，就已经跟夫婿一起站在墙头看风景了。世界上的事有多么不公平，资源配置有多么不合理。有人说这句是李商隐有寄托，我看也未必，因为从早年的经历来看，明明李商隐自己才是那个溧阳公主。当然，诗人说话嘛，可能会有点夸张。也许这话是李商隐24岁还没中进士的时候说的呢。不要在意这些细节。总之，前面那位"老女"，见到这么不公平的事之后，回来睡不着觉，只有梁间的燕子听见她的长叹。写女孩子辗转反侧睡不着觉，这也是一种大胆的笔触，并不是含蓄。

我们可以看到，同样是一位作者，同样是一组诗，主题都差不多，歌行的风格跟律诗有很大差别，不同于五律的持重、七律的委婉，歌行要直露得多，大胆得多，更浅白，也更现实，学习的是民间乐府的语言。

通过分析《无题四首》，我们可以看到李商隐对待不同体裁的不同态度：五律是用来写物的，比较持重；歌行是用来写情的，比较豪放。七律介乎二者之间，既可以写物又可以写情。理解了七律对李商隐的这一意义，有助于我们更好地去欣赏李商隐的七律。

相见时难别亦难

李商隐的无题诗，大部分还是七律，比较典型的又比如那首"相见时难别亦难"。前面说到七律是歌行和五律生的一个孩子，所以七律身上带着歌行的基因。七律有一种写法，就是往歌行上靠，这也是一种很好的写法。七律如果写得像歌行，往往很好，但是歌行万万不能写得像七律。歌行是老文体，七律是新文体，老文体的地位比新文体高。新文体如果写出来像老文体，就容易叫好；老文体像新文体，只能说明一个问题，就是学老文体学得不到家。

七律要学歌行，首先是前半段学歌行，因为七律前半段的格式本来就是从歌行来的。到初唐的时候，七律还没定体，但已经有了一种很精致的歌行，不仅要讲格律，还要讲对仗，哪句写什么，都是有规矩的。

歌行里，换一次韵，就构成一个音乐单位，叫做一"绝"，一"绝"一般是四句，也可以是两句或更多句。如果是四句，那么就是一、二、四句押韵，第三句不押韵，最后一个字的平仄要跟韵脚相反；讲究的一"绝"要讲格律，三、四句还要对仗，一、二句则可以不对仗。比如高适《燕歌行》的前两绝：

> 汉家烟尘在东北，汉将辞家破残贼。
> 男儿本自重横行，天子非常赐颜色。
> 摐金伐鼓下榆关，旌旆逶迤碣石间。
> 校尉羽书飞瀚海，单于猎火照狼山。

第一绝押仄声韵。"北""贼"和"色"押韵，"行"不用押韵，但必须是平声。"汉家"二句不用对仗，"男儿"二句就要对仗。同样的，第二绝押平声韵，"关""间"和"山"押韵，"海"就不用押韵。"摐金"二句不用对仗，"校尉"二句要对仗。在格律上，一绝之内还要像律诗一样讲究"粘"，绝与绝之间就不用"粘"了。

这样，讲究的一"绝"，如果押平声韵，比如"摐金"这四句，就会长得跟一首七律的前四句一模一样。七律的前四句就是从这儿来的。七律的第一句要押韵，就是因为七律是从歌行变来的，要守歌行的规矩。

在歌行里，一"绝"要说一个意思，如果这个意思四句说不完，就可以再多说几句。多说的这几句，不能换韵，还要讲格律，而且还要两两对仗。比如卢照邻的《长安古意》第一绝就有八句：

> 长安大道连狭斜，青牛白马七香车。
> 玉辇纵横过主第，金鞭络绎向侯家。
> 龙衔宝盖承朝日，凤吐流苏带晚霞。
> 百丈游丝争绕树，一群娇鸟共啼花。

前四句跟七律的前四句长得是一样的。后面四句还是两两对仗。也就是说，除了最后两句也要对仗以外，这八句已经跟一首七律长得一样了。

所以，写七律的时候，不能忘本，要记得七律是从歌行变来的。至少，七律的前四句，要写得跟歌行里的一绝一样。前两句用来交待缘起，三四句虽然对仗，也要写得流动、轻快。写后四句的时候，也要心里明白，这其实是歌行一绝里增生出来的四句。只不过，作为一首完整的作品，七律的下盘要稳，后四句不能也写得那么轻快。五六句要厚重一点，既然是为了铺陈增生出来的，就好好铺陈一下。七八句是一首诗的结束，要有结束感，不用对仗。

写七律前半截的时候，你可以想象，你在写弹词，前两句叙述一下，后两句用对仗稍微描写一下，但是不能描写得太过分，用流水对也可以，意象不要太密，眼睛要看着观众。李商隐比较喜欢把七律的前半截写成弹词，所以他安排对句的时候，一般颔联写情多一点，颈联写景多一点，颔联写情多一点，就会比较像歌行。

我们来看"相见时难别亦难"这首诗，一上来，就是歌行的句法。歌行因为比较长，必须注意上下文的联系，所以就比较喜欢用重复的句法，以一个字或者一个结构重复出现，有民歌的痕迹。比如"花谢花飞飞满天""秋花惨淡秋草黄"。"东风无力百花残"，也是句子中间对举。这种句法在七律里叫"当句对"，李商隐专门写过一首七律《当句有对》，八句都是用当句对。

颔联写情。李商隐是学齐梁的，齐梁有宫体诗和吴声西曲两块，宫体诗写情略差一点，所以写情可以跟吴声西曲借梗。颔联就是用了吴声西曲的写法。他只说情思不断，然后给你一个春蚕的形象，但是不去写到底怎么样相思；他说眼泪不断，就给你一个蜡烛的形象，也不去具体写怎么哭。这就是民歌的写法，就好像在评弹里插两句渲染一样。字面足够好看，但是不做太用力的描写。

七律前半段写成歌行，比较活泼，但是后半段不能再写成歌行了，容易浮。所以颈联就得收回来，稳住下盘。这时候就得体现五律的基因了。颔联写得荡漾，颈联就得浓墨重彩。"晓镜但愁云鬓改，夜吟应觉月光寒"这两句，写得就像宫体诗一样，直接去描绘这个女子的形象。他没有像萧纲一样去写"香汗透红纱"之类。他写这个女子添了白发，写她在月光下吟诗，比较唯美，写得这个女子有文人气。写绝代佳人，带一点文人气是比较好的，只写女性特征，就傻了。文人气里还要带一点风情。像李商隐这两句，还是写镜子，写云鬟，其实你看"晓镜但愁云鬓改"这句，在画面里想不起"改"这个字，你的印象就是一个有着漂亮头发的美人，在那儿照镜子，可能早上起来头发还有一点凌乱，还没有穿外衣，这是从宫体诗借来的梗；你看"夜吟应觉月光寒"这句，除了看到这美人懂诗以外，也会想象她穿着薄薄的罗衣，在月光照耀下的样子。这两句有点借老杜"香雾云鬟湿，清辉玉臂寒"的梗，是有对女性外在形貌的美好想象在里面。这一联就得出现具体形象了，得用力地描写，否则就会飘。

　　尾联收束，写我有信心，我们很快就能见面了，虽然是"相见时难别亦难"。首联比较佻达，尾联就写得深情一点，稳住下盘。

逢场作戏

我们再来看一首"昨夜星辰昨夜风"。我认为,这是一首不方便说本事的无题诗。有时候,有一些不那么重要的情人,不可能有什么结果的情人,你偶尔有一个灵感,写一些很美丽的文字给她,可能她这个人在你的生命中还没有这些文字本身重要。这时候,本事是可以忘记的,值得纪念的只有一瞬间的爱情感受,这时候就可以写无题诗。或者说,有些话写出来,你和她自然明白,不用再说背景,而且背景说出来对你和她都没有好处,这时候也可以写无题。听起来有点不够忠诚,但是现实中这样吉光片羽的爱情还是挺常见的。

这首诗,尾联提到了"走马兰台类转蓬",应该是李商隐年轻的时候在秘书省担任校书郎时候写的。看诗里描述的场景,他见到这个女子的场合应该是某次宴会,在某个娱乐场所,这个女子的身份应该是官妓。一个校书郎,一个节度使的女婿,跟一个官妓是不可能有什么真感情的,这是中古社会的常识。李商隐跟这个官妓应该是逢场作戏,很可能是跟一帮同事好友一起去的,这种情况下官妓应该也不可能真对李商隐有什么指望，所以也说不上忠诚问题。

但是咱们毕竟是诗人，话不能说得这么直白，一定要说成，我对你不是逢场作戏的，我们之间是有一点真情的，不能带你走，是因为外在条件的限制，这么写才显得风雅。所以写这种诗就要有一个度，既要让人觉得你深情，又得在"天亮了我还是得走"这个前提下，把这个谎圆了。在现代社会中，我希望大家在爱情中都不要使用这个技巧，但是在其他的人际关系中，有时候这个技能还是很实用的。

首联又是用当句对开头："昨夜星辰昨夜风，画楼西畔桂堂东。"关于昨晚的事，我还记得些什么呢？昨夜的星辰，昨夜的风，好像都跟平时有点不一样呢。我们在什么地方偶然遇见？是画楼的西侧，还是桂堂的东边？这个场合，仔细想来肯定不是良家妇女，不过句子造得很美，我们得学习李商隐这种说话的本事。

"身无彩凤双飞翼，心有灵犀一点通。"颔联是写情的，正面给这段感情一个定位：我们没有彩凤的翅膀，不能飞离这个人多眼杂的地方，去私自幽会。可是我们是知道彼此的心意的，就好像我们心中有通灵的犀角。说我们的交往是不自由的，但是内心是相爱的，这是一个很美的借口。其实交往能有多不自由呢？所谓"未之思也，何远之有"，真被愚昧的外人阻挠了的爱情肯定是有的，但是很多说出这种话来的人，往往他所谓的爱情有某种不合理性，不是很深的爱情。遇到真正的爱情，我们就冲破一切阻挠去实现；遇到这种鸡肋的爱情，就说是外界条件的阻挠，给彼此都留一点面子。这是应该有的态度。把不能在一起的原因都推给外界，至于心里有多相爱，那谁知道呢。这种解读可能比较毁童年，不过这是妓席诗的原生态。这句诗是一个借口，但不妨碍它描述的状态是很美的。"心有灵犀一点通"，这种现象在爱情中是有的，不需要说什么，我们就有一种默契。我们没有在一起的自由，可是我们内心的默契，跟阳光下的情侣是一样的。不完美的爱情毕竟也是爱情，在某一个瞬间，它跟那种天作之合是平等的地位。

"隔座送钩春酒暖，分曹射覆蜡灯红。"颈联就要转入具体形象的描写了，意象要变得密实起来：行酒令的时候，你隔着中间的人，悄悄送来手心里藏着的小钩，仿佛还带着你的体温；分组玩射覆的时候，我们配合得似乎很默契。我们顾上说什么话了么？我只记得醇厚的酒是暖的，暧昧的灯是红的。颔联是诉诸心灵的，颈联是诉诸感官的。而这种感官的回忆，也都渗透着心灵的东西，是心灵的外化，否则就无聊了。但是单说心灵，没有外化成感官的东西，也不生动。所以七律中间的两联一定要好好配合。这两句里可能写到了当时某种特别具体的情景，有那种对方一看就懂，外人都看不懂的东西。无题诗里可以放这种东西，但是字面要美，要让外人能够接受，不能让人觉得怪。觉得怪的话，读者就只好去八卦本事了，你就容易泄密。

　　说得这么柔情蜜意，毕竟是逢场作戏，最后李商隐还是得早早离去。"嗟余听鼓应官去，走马兰台类转蓬。"告辞的时候，客气话总是要有一句的：我玩得很开心，真不想走，可是明天还得上班。再客气一点的话，还得强调：我不是真的那么有事业心，上班什么的最烦了，可是没办法，得挣工资啊，身不由己啊。这样就更拉近一点你和对方的距离。但是这里隐隐的还是有一点炫耀：我是在秘书省上班的，也是进一步给女孩子一点崇拜你的理由。秘书省校书郎是很清贵的，是当时的年轻人可以做的最好的工作，请不要想象李商隐的工作多么繁重，多么没有人身自由。工作忙只是借口。这也不能说明他真的厌烦自己的工作，只能说是一句客气话。我五更天要到秘书省去应卯，不能陪你了。唉，我做这么个小官，跑前跑后的，像是飘荡不定的飞蓬一样，身不由己，真是烦人啊！这话你要是认真，就呆了。

　　像这种诗，很可能就是那种"书被催成墨未浓"的作品，是给官妓的答诗。这种作品，其实不好说欣赏他的深情，要欣赏的是他说话的艺术。

轻狂从事也认真

　　李商隐的无题诗,我认为也确实有像阮籍《咏怀》那样,确实有寄托的。比如"重帏深下莫愁堂"这首,我认为就是有寄托的。他写的不是风情,而是自己的人生仕途,因为领导都在眼前,有些话不便明说,所以写成男女爱情的意象,并且不加题目。

　　李商隐的七律很艳,但是仔细看,大多数还是男性视角。所以遇到他突然用女性视角的,就要留心,他可能是有话要说。这首诗就是女性视角。这首诗的用词有一些情色意味,但是越是有情色意味,越是可能有政治上的隐喻。到真要写情色的时候,他反而会把情色去掉。这是诗人说话的习惯。

　　"重帏深下莫愁堂,卧后清宵细细长。"首联交代情境。在夜晚的卧室里,重重的帷幕后面,有一个倾国倾城的美人。帷幕重重,说明这美人挺有钱,也很矜持。按照美人香草的传统,这美人代表一个很有才华、很有修养的士人。"卧后清宵细细长",写得很细。躺下以后,夜晚才开始细细碎碎地长起来。一句有多少重意思。夜晚长,是因为孤独,是因为心里装着事。而长是躺下以后才长起来的，安静下来以后，那种孤独感、各种杂念，才涌上心头。在这个漫长的夜晚，有时睡，有时醒，睡的时候有各种不安的梦境，醒了睡不着有各种奇怪的念头，断断续续的，一晚上有无数种体验，想到的事又都那么琐碎，所以叫"细细长"。

接下来，颔联写情，写自己得到的人生体验。颔联是承着"细细长"来的，一句写梦，一句写醒。"神女生涯原是梦"，这是李商隐喜欢用的典故，巫山神女在梦里拜访楚襄王，一会儿是云，一会儿是雨，跟楚襄王风流快活。但是，这种风流快活都是在梦里的。醒来以后呢？"小姑居处本无郎"，别说什么楚襄王，什么宋玉了，实际上我还是个姑娘家，卧室里一个男人都没有过。那些风流快活，都是梦里虚无缥缈的事，现实中我比普通的女人过得还寂寞呢。理想和现实形成了巨大的差距。就像我们现在有的姑娘，在小说里写爱情写得很好，其实现实中一个男朋友都还没谈过呢，就是这种状态。

李商隐中进士的时候还比较年轻，之后很快做上了校书郎，是一个很清贵的职位，有过令狐楚的背书，后来又做了王茂元的女婿。在某一段时间内看来，他是一个很被看好的年轻人。后来有点出人意料的是，他的官迟迟升不上去。一个被看好的年轻人，在九品官的位置上待得有点太久了，让人觉得有点荒谬，可能最初所有人都没想到。其中的原因不清楚，我觉得也并不是两党倾轧那么简单，因为现实中的朝堂毕竟不是宫斗剧。更深的原因，可能是晚唐已经是一个衰老的帝国，失去了活力，前面积压的人太多，人际关系盘根错节，有能力的年轻人失去了上升的通道。不仅仅是寒素的年轻人——李商隐不能算是典型的寒素——而是所有有能力的年轻人都失去了上升的通道，甚至连以往的惯例都行不通了，这是末世的征兆。按照以往的惯例，像李商隐这样的年轻人，是有权利梦想他的神女生涯的，但是，帝国晚期的现实，只给他一个"独处无郎"的凄凉处境。最后，李商隐只有告别帝都，到地方官的幕府里去担任一些比较实惠的职务。这两句写出了李商隐在现实面前感受到的荒谬。

颈联该写形象了。李商隐这首诗写的是他人生的感慨，没有形象可言，所以只能根据他的感受，造出一个形象来。从感受的角度来说，应该写的是他自己被命运捉弄的感觉。"风波不信菱枝弱，月露谁教桂叶香。"狂风和波浪，捉弄着水面上漂浮的菱枝，不因为它的弱小就放过它。就像帝国晚期的官僚系统捉弄着李商隐，毫不在意这个小小校书郎的弱势一样。月下的露水，哪里肯滋润桂叶，让它发出香气呢？就像朝中的大佬没有人愿意帮助小小的李商隐。这两句写得很优美，但实际反映的是李商隐非常激愤的心情。因为非常激愤,所以干脆用男女之情来写。反正我写的是"无题",你抓到我的话,我不会承认我是在写我的激愤,我会说我是在写小黄文。

最后,"直道相思了无益",说我的相思,又有什么用呢?说我的抱负,我的执著,有什么用呢?那一种惆怅,不妨用清疏狂放来表现出来吧。这一句出卖了李商隐,闺阁之中的哀怨,不是这样的,一个重帘之内的美人,不会因为"小姑居处本无郎",就出去"清狂"。这种"惆怅",这种"清狂",只能是士人奉献给理想的,是跟阮籍的《咏怀》对接的。这一句就暴露了,这首诗的主题不是男女之情,而是以男女之情的意象来写李商隐的个人经历。这种写个人牢骚的无题诗,不妨留一个小线头在外头,等着有心人来破解。

诗是一种艺术。艺术作品不是只有它要表达的意思,本身还有很多精致的形式可以玩。只有看懂了这些形式,才能更好地理解意思。李商隐把诗的形式锤炼得极为精致,也很善于用多样的形式表情达意。我们只有弄懂了他在形式上的小心思,才能看出他那些没有说出口的独运匠心。

词人苏轼的壬戌之秋：放逐才好写诗

定风波·莫听穿林打叶声

　　三月七日，沙湖道中遇雨，雨具先去，同行皆狼狈，余独不觉。已而遂晴，故作此词。

　　莫听穿林打叶声，何妨吟啸且徐行。竹杖芒鞋轻胜马，谁怕？一蓑烟雨任平生。
　　料峭春风吹酒醒，微冷，山头斜照却相迎。回首向来萧瑟处，归去，也无风雨也无晴。

念奴娇·赤壁怀古

　　大江东去，浪淘尽，千古风流人物。故垒西边，人道是，三国周郎赤壁。乱石穿空，惊涛裂岸，卷起千堆雪。江山如画，一时多少豪杰。
　　遥想公瑾当年，小乔初嫁了，雄姿英发。羽扇纶巾，谈笑间，樯橹灰飞烟灭。故国神游，多情应笑我，早生华发。人生如梦，一尊还酹江月。

大宋"苏哥哥"

我们今天网上流行说一个词,叫做"苏"。说一个人什么都好,就说这个人的人设很"苏"。苏东坡这个人,确实是没白姓"苏",确实是什么都好。我上大学的时候曾经特别迷苏东坡,说过一句话,叫"嫁人就嫁苏东坡"。苏东坡是一个全才,在中国文化史上,无论谈什么,苏东坡都是绕不过去的。论政治,他有政绩;论学问,经史子集四部的学问他都有;论宗教,他对禅宗也有贡献;论艺术,他在书法界是书法家,在美术界是画家,也懂一点音乐;论生活,他还贡献了东坡肉。读书的时候,宋代文学的老师就是这么给我们讲的,讲到这儿还特别强调,说如果没吃过东坡肉一定要尝尝,否则人生是不完整的。苏东坡是个著名的吃货,所以我们管他叫"苏胖"。在宋朝,苏东坡的整个生活都是招人模仿的,不光是吃,比如有人会学他的样子,戴"东坡巾"什么的。

光论文学的话,苏东坡也是众体兼善,对各种文体都做出了一流的贡献。论散文,他是唐宋八大家之一;论诗,他是宋诗偶像级别的诗人之一,也是元祐诗学革新的代表人物之一；论词，他的东坡乐府，也是宋词文体功能发生转变的一个节点。我们讲任何一种文体的历史，都需要把苏东坡专门拿出来讲。他的这么多成就，这里不可能都讲出来，我挑大家最熟悉的几首诗、几首词，来讲讲我心目中的苏胖。

苏轼字子瞻，"轼"就是车前面的扶手，"瞻"就是往远处看，扶着车前的扶手，就可以往远处看了。一辆车有没有扶手，不影响车往前走，但是一辆车没有扶手，那就不是车了。所以，"轼"体现的是庄子"无用之用"的思想。这也是中国士人的功能：我不是去做一件具体的事的，我不能给你算卦，也不能给你拧一个螺丝，经济法律也不是我的专业范围，但是没有我，这辆车就不成为一辆车，坐车的人就不能往远处看了。苏洵给儿子取这样的名字，也说明了对儿子的期望。

苏轼是初唐诗人苏味道的后代，苏味道是和杜甫的爷爷杜审言齐名的宫廷诗人。苏味道是栾城人，所以苏轼他们父子认这个祖宗，就自称是栾城人。实际上，苏轼出生在四川眉山，他的父亲苏洵也是个读书人，后来也是文化名家，苏轼出生的时候，他还只是一个寒窗苦读的士子。所以苏轼小时候接受到读书人家的良好教育，但是也不是太优越。

苏轼当时是大宋王朝的天才少年。他刚一入学读书，就显出聪明来了。他的科举之路比他父亲顺利多了，22岁就中了进士。古人中进士的年龄集中在二十八九岁,晚的话多晚都不新鲜,跟我们现在博士毕业的概念差不多。22岁中进士,是很早的。

苏轼中进士是嘉祐二年(1057),那一年的主考官是欧阳修。不得不说欧阳修是个很有眼光的人,在他做主考官期间中进士的,很多都成了宋朝的栋梁之材。进士考试是选拔精英的考试,它不同于标准化考试,对主考官的眼光要求是很高的。欧阳修当时一看苏轼的卷子,就觉得这孩子真是了不得,将来一定会超过自己,表示老夫一定要帮这孩子出头。

糊卷考试的时候,欧阳修看苏轼的卷子,以为他是自己的学生曾巩呢,本来想给第一,但是为了避嫌疑,给了个第二。后来苏轼参加释褐试的时候,就中了一个乙科,宋朝中乙科的,只有一两个人,甲科没有人。中国品评人物的传统,第一等永远是空着的,第二等没有特殊情况也是空着的。所以苏轼被定为二等,是很厉害的。这意味着,当时朝中的大佬们是把这孩子当将来的宰相培养的。当时苏轼跟他弟弟苏辙同时中的进士,那天宋仁宗也很高兴,回去跟皇后说,我今天替子孙找了两个宰相。中国古代的宰相是从小培养的,一代进士里面,有特别精英的,会重点培养,让他做一系列特定的官职,去历练。这个宰相培养计划,是很完备的，所以看一个人早期担任什么官职，就可以判断他是不是被当成未来的宰相培养的。当然有这个培养意向，不代表你就会成为宰相，比如苏东坡到最后也没有成为宰相。

有一个演苏东坡的电视剧，一上来就说少年苏东坡中了进士，要当宰相，但是演了多少集了，他还在一些小小的官职上打转，到最后苏东坡也没成宰相。所以有观众就说，编剧你在逗我？不是编剧在逗你，编剧是按历史事实写的，是大宋王朝在逗苏东坡。大宋王朝早早就给了苏东坡一个美好的许诺，但是到最后也没有兑现。

我们都知道，后来苏东坡的一生并不得志。但是，到底有多不得志呢？回想一下，好像我们今天看到任何一个文人，都说他"不得志"，他们真的是都不得志吗？就算是不得志，不得志到什么程度呢？毕竟当不上宰相和吃不饱饭之间，还是有很大的距离的。所以我得简单介绍一下，苏东坡到底当了多大的官。

苏东坡做的第一个官，是凤翔府的签判。签判就是跟在长官身边，掌管文书，学习处理政务，是所谓清流官，属于宰相培养计划的范畴。古代的进士，就是再被王朝看好，再被视为宰相根苗，也得从九品官干起，就是宰相的儿子，要敢从八品半干起，那全国都会群情激奋，说你营私舞弊的。如果你穿越到古代中了状元，千万别开口就跟皇上说你要当宰相，会被当疯子打出去的。苏东坡本来也应该从九品县尉干起的，只不过他没有赴任，他真正赴任的第一个官是凤翔府的签判，相当于地级市领导的副手。当时他26岁，这个地位还是可以的。

他做凤翔签判任满了以后，当时朝廷本来想破格提拔他，直接当翰林，相当于社科院研究员，在当时翰林是一个很荣耀的出身。但是又有某个大佬说，不行，越是要委以重任的年轻人，越要多历练，说如果他真有才，历练一下也不会埋没了。不放这个卫星，还是按正常的程序，让他到史馆去历练。中国人很相信挫折教育，越是大家都寄予厚望的年轻人，大家越是要磨练他，都想着反正他是这个王朝最幸运的人，到最后总会给他补偿的，所以年轻的时候还是压着点他吧。其实到最后，也未必会给他补偿。

后来就赶上了王安石变法，苏轼对王安石的新法不能完全认同，在京城待不下去了，就到多个地方上做太守。这么晃到43岁，因为上书的时候一句话没说对，被以讽刺变法的罪名抓起来，一个太守，被人像牵鸡犬一样，从任上抓走了。后来一查，发现他平时就经常写诗，发新法的牢骚，所以就要杀了他，这就是著名的"乌台诗案"。

要杀苏轼的时候，整个宋朝都震动了。宋朝的特点是士大夫和皇帝一起治国，宋太祖留下的祖宗遗法有一条是"不杀大臣"。你要是杀了大臣,就意味着你这个国家的底线不要了。更何况苏东坡是先帝留给后人做宰相的,这么一个众望所归的人物,而且他也没做什么,就是说了两句话,写了两首诗。你会为一句话没说对,几首发牢骚的诗,杀这样一个人,这是一个王朝的原则问题,是取信于士大夫和老百姓的问题,大家都伸长了脖子等着看。连太后都跟宋神宗急了,说这是他爸爸说要留给他的宰相,他不好好用,还要给杀了。最后宋神宗也没敢杀他,把他贬到黄州,去担任团练副使,实际上是监视居住,这是对苏东坡的一次比较大的打击。

苏东坡在黄州写了好多词。一个人一下子集中创作了很多作品,说明他很郁闷。而一个大文学家最终的成熟,往往就是在这样郁闷的日子。所以在一个大文学家的一生里,往往可以找到某一年,让这个人最终成为这个人。这种成就一个文学家的苦难,最常见的就是贬谪,这是中国古代文学家最容易遇到的一种苦难。我认为苏东坡就是在黄州的这几年,成为苏东坡的。在黄州的这几年成就了苏东坡,也成就了苏东坡的词。所以我选择了苏东坡贬黄州的第一年——壬戌年,作为讲述的对象。因为从这一年开始,苏东坡跟以前不同了,苏词跟以前不同了,宋词也跟以前不同了。

后来新党下台了,苏东坡被宋神宗重新起用,过了几年好日子。他回京做了起居舍人，就是皇帝的私人秘书，这是又往宰相的路上走了。神宗死后，哲宗即位，这就到了元祐年间，这在文学史上是很著名的一个年号。苏东坡做了翰林学士，相当于今天的院士，这对清流官来说，是一生中能达到的很高的一个荣耀。一个文人一辈子能做到翰林学士，已经够本了，做不做宰相，那都是附加题了。我们今天说"苏学士"，就是指他做的这个官，这个可以指称他一生的成就了。一切顺利的话，接下来他就等着拜相了。

　　但是，好日子没有好过多久，本来新党下台，苏东坡作为被新党排挤的对象获得了政治资源，但是他回来以后，对司马光代表的旧党又不满了。这就说明，苏东坡对新党不满不是门户之见，他不是因为，你是新党，我就看不起你，你就是旧党，我也照样看不起你。据说有一天，苏胖没事在家，拍着自己的大肚子，说这里头都是什么呀？旁边他的一个门客谄媚说，这里头都是满腹才学。这句话就太俗了，苏胖摇摇头。另外一个门客说，这里头都是屎。这句话倒是实在，但是没什么创意，也不好。再有一个门客说，这里头是一肚皮不合时宜。苏东坡就大笑，说这个说得好。新党上台，你说新党不好；旧党上台，你说旧党不好。不是他为反对而反对，而是新党和旧党确实各有各的不好。这就是孔子说的"中庸之道"。有的人对"中庸之道"有误解，以为中庸是两边都讨好，然后以为这是混社会的道理。其实，中庸不是两边都讨好，而是两边都看不起。不是新党上来说旧党不好，旧党上来说新党不好，而是旧党上来说旧党不好，新党上来说新党不好，这才是中庸。所以中庸哪是为自己谋利的，中庸就是"拧丧种"。

苏东坡就是这个意思：虽然我不喜欢新法，但是现在凡是新党说的，旧党就反对，那我也不去跟风，没意思。这就叫"一肚皮不合时宜"。所以闹到最后，新旧两党都不喜欢他。

这样，他在元祐年间缓慢地往宰相的路上走着，做到礼部尚书，相当于部长了。这时候政局又变了，新党又上台了。宋哲宗改元叫"绍圣"。"绍"就是"继承"，"绍圣"就是"继承圣人"，要继承宋神宗，又要玩变法。这样，就又说苏东坡诽谤前朝，一下子把他贬到惠州去了。惠州就是现在广东的那个惠州，我有一个惠州来的师弟，还认为来了以后北大的老师都不知道他是哪个省的，我说北大教文史的老师能不知道惠州吗？那是苏东坡贬谪的地方。在苏东坡那个时候，惠州是岭南，岭南是瘴疠之地，是蛮荒之地，流放岭南是最严厉的流放。这时候苏东坡已经59岁了，在今天也快该退休了，在当时是垂老投荒。贬到惠州去，他又是被监视居住，没有任何权力。本来马上就要做宰相的人，一下子给这么大的惩罚。这样，苏东坡做宰相的路，就彻底中断了。

贬到惠州两年，他的政敌想想，觉得又不解气，苏东坡这么可恶的人，才贬到岭南，居然还没过海。于是又把他贬到儋州去，儋州在海南岛。这里面也有他政敌章惇的一个恶趣味。这个"儋"字音字形都跟"苏子瞻"的"瞻"很接近，他意思是，你苏子瞻就配在儋州待着，这是一种人格侮辱。过海就是比过岭更严重的惩罚了，基本上就跟杀了你差不多了。到65岁的时候，苏东坡才被放回来，回来没走到开封，到常州就死了。这是苏东坡的第二次贬谪，是比贬黄州更悲惨的一次遭遇。所以苏轼晚年自嘲说，"问汝平生功业，黄州惠州儋州"。本来是要做宰相的人，是要为大宋王朝做一番事业的人，但是到老也没做出这番事业来，一辈子就是被贬再被贬，贬黄州，贬惠州，再贬儋州。这就是这个宰相之才的一生了，所以说大宋王朝一直在逗他玩。

以诗为词

　　这里给大家介绍的，是他被贬黄州的第一年写的两首词。他被贬黄州的这一年，就是壬戌年。《赤壁赋》开头的"壬戌之秋，七月既望"，说的就是这一年。这是他非常郁闷的一年，也是非常高产的一年，出了很多精品。我们熟悉的《前赤壁赋》，还有很多其他耳熟能详的词，都是这一年写的。

　　但是，这一年他不怎么写诗，写诗比以前还少了，就是写词比以前多了。他这时候不敢写诗了。之前的乌台诗案，就是因为他写诗，差点丢了命，心有余悸。但是，他还敢写词。那时候诗和词的地位不一样，词的地位比诗低多了，还是一种游戏性的文学。所以有人会到诗里面去找你的茬，没人会到词里面去找你的茬。

　　词这种文体，是唐朝出来的，刚出来的时候，它就是流行歌曲。流行歌曲在中国古代有一个雅称，就叫"乐府"。中国古代的一切文体，都是从"乐府"出来的，都曾经是流行歌曲。词曾经是流行歌曲，诗也曾经是流行歌曲，只不过是在不同时代做流行歌曲而已。诗是更早的流行歌曲，后来诗变牛了，不当流行歌曲了，但是大家还要唱流行歌曲，词就来当流行歌曲。后来词也牛了，也不当流行歌曲了，就又有新的流行歌曲出来。所以王国维说"一代有一代之文学"，其实不一定，但是一代有一代之流行歌曲，那是真的。一个新文体出来，要想立得住，得经过几百年的乐府准备，没有这个，就立不住。所以大家不要小看流行歌曲，流行歌曲永远是最前途无量的。

一个新文体在流行歌曲的母体里孕育成熟了，它就要雅化，要变成雅文学，去跟老的文体争地盘。但是这个过程是艰难的，因为老文体看不起新文体，他觉得你是流行歌曲。所以老是把不重要的、接近流行歌曲的功能分给你，比如谈情说爱，写一些内心的、琐碎的感情，但是那些比较高贵的功能，比如表达士人的情感、写高远的志向，还是要留给老文体的。词的雅化就遇到了这样的问题。人们就给诗和词的功能做了一个分工，叫"诗庄词媚"，诗是端庄的，词是妩媚的。

而且在这个过程中，词还有特殊的障碍，因为它是长短句，从声情效果上说，比较破碎，所以天然适合记录些感性的、不成系统的想法，好像一个女人，絮絮叨叨拉家常的感觉。也就是说，写爱情，写女性，写私密的情感，词比诗有天然的优势，所以一个词人会满足于用词来写这些，这就拖慢了词去跟诗要地盘的脚步。

我们讲词，讲豪放婉约，不是不可以讲，但是要明白什么叫豪放婉约。不是说写男人的就是豪放，写女人的就是婉约。我们的爱情歌曲，很多都是豪放的。写爱情的词也是，像敦煌出土的曲子词，里面写爱情，"枕前发尽千般愿，要休且待青山烂"，多么豪放。专门写爱情的柳永，他的语言就很豪放。"念去去，千里烟波，暮霭沉沉楚天阔"，用词很大，笔力很雄健。包括"执手相看泪眼"这种话，说得很直接，很大胆，一点都不委婉。所以柳永虽然写女人，但是不好说是婉约的。同样的道理，李煜写的是一个帝王的亡国之思，"梦里不知身是客""别时容易见时难"，那是很婉约的。

所以豪放婉约，是相对诗而言的。词的语体跟诗是不一样的，词更口语化，更喜欢讲小道理，喜欢讲直觉。跟诗不一样，它有两个方向。一个是比诗更豪放，诗要讲温柔敦厚，要受礼教的节制，但是词可以写得比诗豪放，可以说过头话。但是你说过头话，要像民间乐府学习，要想象自己是个藏身市井之间的侠客。另一个方向就是比诗更婉约，诗要理性思维，词只要感性就可以了，有些诗里说不出来的话，不讲道理的道理，就放到词里去说，这样写出来的就是婉约的词。但是你婉约，也要向流行歌曲学习，去把流行歌曲写爱情心理的拧巴劲儿学过来，才叫婉约。

说过头话，最典型的是辛弃疾。苏东坡这时候，豪放词还没有成熟，他也有说过头话的，但是他不典型。比起辛弃疾的词要温柔敦厚多了，更有文人的气质，因为苏东坡是一个典型的文人，是宰相根苗。他的词，既不比诗豪放，也不比诗婉约，他就是把词当诗来写的，所以用"以诗为词"来概括他的创作，可能比说"豪放词"更恰当一点。

"以诗为词"，可以类比一下，今天的一些流行歌曲词人，像林夕、方文山、周耀辉，他们写的一些词，可以当现代诗看，我们都知道流行歌曲的歌词跟现代诗不是一个东西，但是有的歌词写出来，会借用诗的某些写法，这就是"以诗为词"。

让词去干诗的事，有个专业术语叫"徒诗化"。所谓"徒诗"，就是去掉了音乐的诗，跟"乐府"相对。徒诗化是词发展的趋势，到现在还在发展。苏轼词的徒诗化，除了前面说的功能上的徒诗化以外，还有形式上的徒诗化。比如，用更多不符合近体诗规则的词调；注意声情，也就是词牌的声音效果跟感情表达的协调；引入诗的句法和散文的句法之类。

所谓声情，就是词牌的声音效果是跟它适合表达的思想感情有关的。所以，不是说你随便抓来一个词牌，就可以随便表现什么样的思想感情。词人选择的词牌，是跟他要表达的思想感情相关的。我说的不是词牌的名字跟思想感情有关，而是词牌的形式，比如长短句、韵脚等，可以表达不同的思想感情。声情的问题，是在徒诗化以后凸显出来的。之前如果词是流行歌曲，是唱的，思想感情是由音乐来表现的，不是由文字本身的读音表现的。但是如果你把词当诗写了，不唱了，用来朗诵了，那文字本身的读音就起作用了。诗也有声情的问题，但是词的声情更明显，因为词的形式更复杂。唱的词是不用注意声情的，注意声情，就是词的徒诗化的一个标志。

　　声情的原则，简单说几点。首先，流动拍和静止拍的问题。简单理解就是，一句词的字数是奇数，就叫流动拍；是偶数，就叫静止拍。可以理解成，奇数有一个尖冒出来，就不稳定，表达的感情就比较外露；偶数拍没有这个尖，就四平八稳，表达的感情就比较含蓄。其次，齐言还是杂言的问题。一首词的字数比较整齐，比较像诗；如果不整齐，有一些奇怪的句子，比如两个字一句，那就更有词的特点、民间歌谣的特点。第三，韵脚的问题。押平声韵就比较像诗，声音比较温柔敦厚；押仄声韵，感情就更激越一些。押韵密，就比较紧张，比较像歌谣；两句一押韵，就比较舒缓，比较像诗。如果会转韵，声情就比较优美，适合表现多变的情绪；如果一韵到底，就比较像诗，就可以写得一泻千里，一口气把话说完。

　　说这个是因为，苏东坡在黄州的诗，已经可以用声情来分析了，这是他这个时候的词开始徒诗化的一个证据。作为文学欣赏来说，懂一点声情知识，也可以帮助我们理解作者的思想感情。

何妨吟啸且徐行

　　《定风波》这个词牌的特点：首先，它以七言句为主，表达感情比较外露，可以写出慷慨放歌的感觉；其次，它是杂言，有二言句，韵脚很密，而且会转韵，这就需要写出民间歌谣的感觉。就好像《东北人都是活雷锋》，"老张出差去东北，撞了"，这个感觉。

　　苏东坡的这首《定风波》，是他壬戌年刚到黄州的时候写的。当时是春天，大家出去玩的时候突然下了一场阵雨，别人都忙着躲雨，苏东坡就一个人在雨里不紧不慢地走。反正前头也是雨，跑什么呢？要是正常人看，这是傻瓜，连雨都不知道躲。但是，这种傻瓜的举动，是一种名士风度。陶渊明的姥爷孟嘉，有一回重阳节，跟一帮名士在山顶上聚餐，重阳节山上风大，把孟嘉的帽子吹掉了，但是孟嘉自己浑然不觉。周围的人一看，哇，太帅了，这就是一种名士风度。如果是小学生，像孟嘉、苏东坡这样，也许会挨骂的。我上小学的时候，经常自己丢了东西也不知道，或者下了雨不知道躲。所以我小学班主任每年写评语都说我"自理能力差"。

苏东坡这个举动，有一种审美体验在里面。这种审美体验，不是看雨那么简单。他刚刚经历了乌台诗案，贬到黄州，其实是笼罩在压抑的心情下的，所以下了雨，也没有力气去跑，去躲。这种在雨里行走的体验，正好跟他这时候的心境合上了，让他想到了自己人生里的很多事。他这种行为，看似放达，其实是一种自我放逐。

"莫听穿林打叶声"，"穿林打叶声"就是雨声，雨穿过林子，打在叶子上，发出声音。不说"雨声"，直接说"穿林打叶声"，这个句法很老到。说你不用去听那个雨的声音，穿林也好，打叶也好，不用去管它。一般下雨了，我们很惊慌，赶紧跑，但是跑也没有用，还是会被淋湿的。就好像人生的烦恼，人的悲剧命运，不是你去逃跑，就逃得掉的。所以苏东坡说，你爱穿林穿林，爱打叶打叶，我不听你的。就好像不管命运强加给我什么，不管俗人怎么来打扰我，我不予理会。

"何妨吟啸且徐行"，再下雨，也碍不了我慢慢地走，而且是吟着诗，长啸着，这是一种名士风度。这里面有苏东坡的一种硬气，下雨，不会改变我什么，我该慢慢地走，还是慢慢地走。说不理会你，不是我逃避，不是我自欺欺人，而是我不会因为你的干扰而改变我的人生轨迹。但是这种硬气是温柔敦厚的，我不是激烈地反抗，而是该怎样还怎样，无视你的存在。你不想让我好过,我照样逍遥自在,这个状态是最气人的。苏东坡这人就是这样,你越迫害他,他越逍遥给你看。你把他贬到一个地方,他做的第一件事,永远是去找这个地方有什么好吃的。把他贬到惠州去,他写诗说自己很悠闲,睡到日上三竿才起。结果他的政敌看见了,说苏东坡怎么还这么快活,气得把他贬到海南去了。所以说,苏东坡的这种悠闲,对他的政敌伤害是最大的,可能比激烈的反抗更有力量。

"竹杖芒鞋轻胜马",你看我这个自在,虽然只有一个竹杖,一双草鞋,但是比骑马还自在。到这儿就转韵了,从平韵转到仄韵,从比较舒缓、悠闲,转到比较豪放、有劲的声情。"谁怕",这是一个强硬的宣言,你爱怎样怎样,"谁怕"。在这儿他情绪稍微有点激动,说到"怕"上来了,说明他跟外界其实还是一种紧张的关系,跟雨也好,跟政治上的打击也好,还是要讨论"怕不怕"的问题,当然,他是不怕的,男子汉大丈夫,遇见什么事,我不会怕。

然后,又转到平韵上来,情绪又舒缓了,"一蓑烟雨任平生"。这个形象很潇洒,说到"平生"上来了,我就是一辈子,顶着这一蓑烟雨,我也不怕,随便。我这一辈子,都这么"一蓑烟雨",这么落拓江湖,什么都不在乎。这是很放达、很潇洒的一句话。同时他也是在想,何止是下雨呢?

我一辈子不也是这样吗？走到哪儿都下雨，走到哪儿都倒霉。所以，反正我也习惯了，你爱怎么样怎么样吧。我这一辈子都是这么一个形象，在雨里慢慢地走，什么都不在乎。在他这个放达的形象之下，其实有一种很绝望的东西。他是对自己绝望，对人世绝望了，才可以这么放达的。

到了下阕，换头的地方，要另起一个意思。何况《定风波》换头的地方还换韵，从平韵又换成仄韵了，情绪上要有一个变化。苏东坡在这儿是换了一个视角。上阕都是照着他自己的形象来写，写周围的环境对他没有影响，他不注意周围的环境。换头的地方，转而写他开始注意周围的环境了，开始写周围的风景了。"料峭春风吹酒醒，微冷"，外界环境还是给他造成了影响，冷冷的春风，把他的酒吹醒了，让他回到了理性状态。醒来的感觉是，微微有一点冷。刚才的放达、绝望，那个沉浸于自我的状态，是借助了酒精的力量。现在在冷风的帮助下，他醒了，回到了现实世界。

这时候，苏东坡抬起眼来，看周围的环境。在酒醉的时候，你是不管周围的环境的，回到理性状态，才会注意周围的风景。喝醉的人都有这个体验，酒醒的那一刻，第一反应，是"我在哪儿"，首先是观察周围的环境。这时候苏东坡抬眼一看，看见"山头斜照却相迎"。夕阳照在山头上，好像在迎接我一样。大家想象一下，春天的雨后，太阳出来了，那个阳光，还是冷的，并没有"暖暖"的感觉。更何况，它已经是"斜照"了，已经是夕阳了，一天中太阳最暖的时间，已经被雨浪费掉了。雨后的空气里，斜照冷冷地打在山头，它是没有感情的。但是在苏轼看来，这个斜照，是在迎接自己。从这个毫无温暖的画面里，他看出了人间的温暖。为什么会这样呢？不是因为苏东坡特别积极，特别正能量，是因为他经历了太多的寒冷，太多的黑暗，所以这么一个冷冰冰的画面，对他来说已经是温暖的了。这句又是押的平声韵，又回到了温和的主旋律。

然后马上，又转仄韵了。天晴了以后，不淋雨了以后，苏东坡又回忆起刚才淋雨过来的这一路，"回首向来萧瑟处"，这时候会有什么感触呢？是不堪回首，想我这一路怎么熬过来的啊？还是庆幸，我终于走过来了？苏东坡什么也不说，就两个字，"归去"，走吧。看不出表情，没什么好说的，没什么可悲痛的，也没什么可庆幸的。

又回到平韵，点出最后一句，"也无风雨也无晴"。刚才有凄风苦雨，现在天晴了，有了一点人间的温暖。人世间就是这么无常，不断地变幻。你刚觉得幸福，马上就有一个痛苦等着你；你刚觉得痛苦，活不下去了，幸福又来了。在苏轼看来，也无所谓风雨，也无所谓晴天；无所谓痛苦，也无所谓幸福。人世间的一切色相，都是虚幻的。你强加给我的痛苦，也不会改变我前进的步伐；你送给我的意外的温暖，也不会让我的心底真的温暖。

据说"文革"期间，一个大学者被发配去打铁。他就特别认真，成了一个很好的铁匠，一个大学者，打点铁还算难事吗？"文革"结束后，一个官员去跟他落实政策，说给你平反了。学者说"嗯"。官员等着他感激涕零，哭天抢地呢，结果等了半天，他就说了一个"嗯"。官员以为他没听清楚，就又说了一遍。学者说"知道了"，然后就不理他了。这就是"也无风雨也无晴"。打铁，我也没觉得不能活了。你给我落实政策，我对你也没什么感激的，因为这是你欠我的。这个心情，应该也是苏东坡贬黄州时候的心情。

今天的流行歌曲出了个大词人，林夕，他特别喜欢苏东坡，尤其是特别喜欢"也无风雨也无晴"这句，我觉得林夕的好多歌，就有这个感觉。比如《再见二丁目》是写失恋的。我没失过恋，我是北大毕业没能留校的那年，跟林夕相遇的。那年我到社科院工作，第一年在图书馆善本室打杂，很安静，天天就听林夕的歌。当时是我的心情最像失恋的一年，那年我才听懂了林夕。你失恋了，对爱人绝望了，绝望到底，反而洒脱了，轻松了，可以该吃吃该玩玩，可以"畅游异国放心吃喝"了。这时候你回想起当年的爱情，"回首向来萧瑟处"，会觉得"也无风雨也无晴"，都无所谓了。林夕的很多歌,就是苏轼《定风波》的感觉。吉川幸次郎管这个叫"扬弃了悲哀"。不是不悲哀,但是悲哀积攒得太多了,就不新鲜了,这时候就把悲哀扬弃了,反而潇洒起来了。潇洒都是悲哀堆起来的。这是宋人的一种精神。要想体会这种"扬弃了悲哀"的感觉,多读宋人的诗词。

一樽还酹江月

《念奴娇》这个词牌并不豪放，看名字就软绵绵的。所以后来拿这首词当豪放词的人，都不爱用这个词牌，都直接叫《大江东去》。

念奴，是唐玄宗在位时的一个歌姬的名字，"念奴娇"，应该是一个宫女娇滴滴的，很妩媚的一个音乐。当然我们说声无哀乐，娇滴滴的音乐，也可以用来写文人士大夫的感情，就好像原来很婉转的民歌，摇滚乐歌手也可以唱出很摇滚的感觉。比如《西游记》里的《女儿情》，拿到万晓利的手里，一样的曲子，一样的词，他就唱出粗粝的感觉来。苏轼就经常干这种事，把原来娇滴滴的音乐，变成摇滚的唱法，唱成"老夫聊发少年狂"。

但再怎么豪放，原来音乐的架子还在，词牌的形式不能变。这个形式对思想感情的表达就有影响。《念奴娇》这个词牌，跟《定风波》就不一样。首先它是一韵到底的，没有那么多转折，适合像一篇文章一样，从头到尾一口气写完。而且它是仄声韵，苏东坡还选择了入声韵，这个韵声情比较激越，适合写很激烈、很直露的感情。尤其应该注意的是，这个词牌，凡是押韵的地方，基本都是静止拍，都是六言句或者四言句，只有一个五言句。这就意味着，它没有那个尖，声情是往回缩着的，就像老虎缩着爪子。所以《念奴娇》这个词牌是老虎收着爪子的感觉。它不是像《定风波》一样，有什么话就说出来，嘴上没把门的说到爽的感觉。它每一次押韵，每一次踩点，都是一个低回的感觉，沉郁的感觉。书法上说"无垂不缩"，一笔下来，宕出去是宕出去，但是最后，总是要缩回来一点，绵里藏针。《念奴娇·赤壁怀古》就是"无垂不缩"的感觉，豪放也是豪放，但是每到踩韵脚的时候，都要往回缩着点。

朗诵《念奴娇》的时候，就要把这个低回的感觉读出来，它不是高门大嗓的感觉，不要觉得它是"豪放词"，就去玩命地慷慨激昂。苏东坡选《念奴娇》这个牌子来写《赤壁怀古》，没有选《定风波》这种特别敞亮的牌子，说明此时此刻，他的感情是低回的，《念奴娇·赤壁怀古》不是一个说痛快话的作品。网上有人朗诵《念奴娇·赤壁怀古》，评论称赞"气势恢宏"，我认为这样的朗诵没有把握住这首词的感觉。

一首词，是慷慨激昂，还是沉郁顿挫，不能光看它的意象。对于真正的英雄豪杰来说，那些气势恢宏的意象，其实也没有什么，是"也无风雨也无晴"的，在普通人眼里看来,"大江东去"是很恢宏的意象,但是在苏东坡眼里,不过平常,好像是很自然的一个事物,随手拿来。他把这些恢宏的意象随便拿在手里玩,并不妨碍他的语气是沉郁顿挫的。

我对苏东坡的评价是"清而不豪",他是清气,不是豪气。他是高高在上的,俯瞰众生的,他的大气,在于他比我们芸芸众生要优越。但是他不是努着劲往上的感觉,他不是小孩子看见了一个大恐龙,好大好大,要报告给妈妈看的感觉。在苏东坡眼里,没有大的东西。

"大江东去,浪淘尽、千古风流人物。"这首词是押入声韵的,入声韵很短促,要造成一个很紧张、很激越的效果。今天我们普通话里没有入声字了,也没有必要按古代的读音去读,但是起码得把这个入声的感觉读出来。押入声韵,最后一个字就不能拖着长腔去读,不要延长,要读得低一些,短一些。另外,这个词牌,读的时候要注意断句,它是很典型的词的断句,不要习惯性地按诗的七言句去读。一般诗的七言句,我们习惯断成上四下三,比如"日照香炉生紫烟","日照香炉"和"生紫烟"之间稍微断一下,不能断成"日照香、炉生紫烟"。但是词的句法要复杂多了,它可以三个字就一逗,这个一逗,如果前面是四个字,不能连着前面读成七个字,比如"大江东去,浪淘尽",这个"浪淘尽"是属下的,跟"千古风流人物"是一句话,是浪,把千古风流人物淘尽了,不能把"浪淘尽"归到前面的"大江东去"去,不能按七言诗的习惯,读成"大江东去浪淘尽"。如果后面是四个字,就更不能连起来读成七言句,比如《桂枝香》里的"但寒烟、衰草凝绿",这就是一个典型的词的节奏,千万不能读成"但寒烟衰、草凝绿"。在词里面,三加四不一定等于七,三言句和四言句不能连起来当成七言句。在《念奴娇》这个词牌里,三字逗还是挺多的,一般三字逗都是属下的,朗诵的时候要注意别把节奏读错。这种三字逗,在诗里是没有的,是俗乐的特点,要注意读出说话一样的感觉。《念奴娇》里的三字逗,后面接的都是静止拍,要读出那种沉郁顿挫的感觉,不能把感情一下子都送出去。

写长调这种比较长的文字,开头一定要抓人,要让人有读下去的欲望,要不这一百多字的词,读者一看就烦,就直接翻篇了。曹植就很会写开头,所谓"陈思工于起调"。那开头怎么才能抓人呢?有一个窍门,就是开头第一句,不要写你想到的第一句话,而是要写萦绕在你心头很久,挥之不去的那句话。比如苏东坡写"大江东去",他不是第一眼看见"大江东去",就感叹"大江东去",赶紧写下来。他是在黄州住着,住了半年了,天天看见大江东去,天天想,多少历史上的"风流人物",不管荣辱成败,都死得灰也不见,好像被这东去的江水淘洗干净了一样。他天天这么想着，这个念头挥之不去，因为跟他自己的身世是相关的。他也是一个"风流人物"，他本来是这个帝国寄予深切期望的少年才子，有着天纵的才华。但是，经过了乌台诗案，作为戴罪之身，谪居在黄州这个地方，他不禁开始思考，我这辈子到底还能不能取得成就？我会留给历史一个什么形象？就算是建立了曹操、周瑜那样的功业，最后还不是被这江水洗净了，找都找不到他们的遗迹。那何况是我，可能这辈子也不会像他们那样显赫了，我又能留下什么呢？这个念头，他不是第一次想，是天天想，然后写在词里，用来做开头，这样才抓人。

他这个思想，跟他《前赤壁赋》里表现出的思想是一致的。像曹孟德这样的人，"酾酒临江，横槊赋诗，固一世之雄也，而今则安在哉"，这个"酾酒临江，横槊赋诗"，固然是很大的一个气魄，但是苏东坡写《赤壁赋》《赤壁怀古》，都不是为了表现这个气魄。苏东坡的学问，是战国纵横家的学问，他写东西就像战国纵横家的辩词一样，再大的场面，都是来给他做陪衬的，最后他准会一笔收住。他的笔力，不在于写出了大场面，而在于能用一笔收住。他是为了写"而今则安在哉"。那样的英雄，现在连在哪都不知道了，这是多么深重的悲哀。那么，何况我，"渔樵于江渚之上，侣鱼虾而友麋鹿",我又能留下什么呢?所以苏东坡的调子,不是壮丽,而是悲凉。前面的壮丽,都是为了衬托后面的悲凉。所以读《赤壁怀古》,读出"横槊赋诗"的壮丽是不对的,只读出"千古风流人物"是不对的,应该读出"千古风流人物"被"浪淘尽"了的悲凉。句子的重点在"浪淘尽",不要特别强调"千古风流人物",这个调子不能高上去,更不能拉长。

《念奴娇》这个词牌,每一韵,前面的节奏比较碎,最后是静止拍作结,这个感觉,就好像涨潮的时候,一个大浪打在巨石上,水沫子慢慢消散下去的感觉。跟这个声音效果配合,苏轼这首词的感情也是这样,前面慷慨激昂,"大江东去,浪淘尽",一个很壮阔的景象,再落到人事上,"千古风流人物",这滚滚的江水,带走的不是别的,是一个个英雄人物的生命和他们身后的功业啊,这就落到低沉的调子。

"故垒西边,人道是,三国周郎赤壁",西边有一块军事堡垒的遗迹,人家都说,这就是三国时代周瑜的那个赤壁。黄州的这个赤壁,是假赤壁,赤壁之战的遗址不在这儿。有人就嘲笑说,苏东坡这么大学问,还被个假赤壁给骗了。其实苏东坡并没说"这就是赤壁",他说的是"人道是"。说是就是吧,是不是真赤壁,跟我写诗没关系。这个调子也是,落在静止拍,"人道是,三国周郎赤壁",爱是不是吧。

我们说，重要的不是故事讲述的时代，而是讲述故事的时代。苏东坡之所以在黄州写赤壁，不是因为黄州发生过赤壁之战，而是因为苏东坡被贬谪到了黄州。如果没有这个假赤壁遗址，他拿别的遗址写，也是一样的。他是写个人情志，所以是不以外物为转移的。其实他并不需要到了这个地方才写，就在书斋里写，也是一样的。他的目的并不是描绘赤壁的风景，描绘风景不是诗的使命。诗是写心的，写诗原则上不需要实地考察。假赤壁和真赤壁在风景上的那一点差异，不足以影响到写诗。如果你仅仅因为去了这个地方就写一首诗，那是没有完成诗的使命。能影响你的，是这个地方，这个时间，触发你的感情。触发苏东坡感情的，与其说是赤壁，更准确地说是壬戌之秋的黄州，也就是他的贬谪。

那么，这个据说的"三国周郎赤壁"，现在是一幅什么景象呢？"乱石穿空，惊涛裂岸，卷起千堆雪。"这个"惊涛裂岸"，通行本作"拍岸"，有一个版本是"裂岸"，龙榆生先生取了"裂岸"。我也觉得"裂岸"比较好，这个组合更新鲜，也更有力度。这是这首词里唯一韵脚落在流动拍的地方，苏东坡放了一个写景的句子。这一句，可以把调子挑高一点，句尾稍微停顿一下，因为它是流动拍。这个地方，是苏东坡写得用力的地方，去形容景象的奇崛。乱石高高地堆着，好像要插入天空。汹涌的波涛像受惊的马一样。"惊"

字，繁体字从"马"，就是马受惊了的意思。波涛像受惊的马，奔向岸边，像要把岸拍裂了一样。浪花卷起来，好像雪一样，不是一捧雪，而是成千上万堆雪。

这一韵写景，是"怀古"的题中应有之意。怀古诗必须有写景的句子，才叫怀古诗。"怀古"不同于"咏史"，"咏史"是对着史书咏，是在书斋里写的，不需要写景。"怀古"是到了古迹，到了某某故地，对着眼前的景致，怀念古人，不是在书斋里写的。所以"怀古"，一定要包含"写景"和"咏史"两个要素。

苏东坡在这里写的，是一个什么样的景致呢？是"恢宏大气"的景致吗？不仅仅是恢宏大气，更多的是苍凉。本来应该是指挥台的地方，曾经美轮美奂的建筑，现在连一根木头也没有了，只剩下一堆乱石。乱石还不是一般的乱，乱得都"穿空"了。除此以外，江岸上一片空旷，再没有别的了，浪涛肆无忌惮地拍打在岸上，任性地"卷起千堆雪"。这样的壮阔，其实是一片荒凉，反衬出英雄的遗迹已经被时间、被江水，洗刷得干干净净。所以在这儿他也不是赞叹祖国山河的美景，还是在写悲凉的心情。只不过，苏东坡笔力阔大，在写悲凉的时候，写出来的物象也是一片壮阔。

如此的风景，诗人就发感叹了，"江山如画"。苏东坡是战国纵横家的学问，他写大场面，一定会用特别有力的一笔收住,"江山如画",就收住了上文写的景致。对着"江山如画""一时多少豪杰"。一时间,想到了古代的多少英雄豪杰。上一韵是流动拍,描写眼前的惊涛骇浪,这一韵回归到静止拍,相对又平静一点,表现诗人陷入了遥远的怀想,引出下面对历史上周瑜的想象。

这里的平仄很有意思,"多少豪杰",平仄平仄,这个平仄是死的,填的时候不能动。正常的格律都是"平平仄仄"或者"仄仄平平","平仄平仄"就有一种重复感,好像跳新疆舞的时候,动脖子多动一下的感觉,形式感特别强。

到了下阕,换头的地方需要另起一意,转换一个场景来写。上阕结尾的时候,他用"一时多少豪杰"这么一个概括性的说法,领起下文,下阕开头用"遥想"两个字承接上文。这种很强的照应关系,是写古文的方法,这是苏东坡把写文的方法用到写词里来了,这样一首词就显得逻辑关系很紧密,像一篇文章一样。

想谁呢?想起了周瑜——周公瑾,"遥想公瑾当年",叫得很亲切,好像古人是他的朋友一样,用典就要这样,把古人当成你的朋友,不要当成一个高高在上的存在。"小乔初嫁了",先不去关注他的功业,先关注他的夫妻生活,关心美人,关心儿女情长,这就是词的关注点,体现词作为一种乐府,一个曾经的流行歌曲,残存的痕迹。所以豪放词也要写美女的，词关心的，总是感性的体验，爱情的体验，你总要用美女去点缀一下。即使写周瑜，也要写小乔，这就是词。

遥想公瑾当年，少年将军，刚刚娶了小乔，那是"雄姿英发"。这个周瑜的形象，未必不是苏东坡自己的形象。周瑜24岁就当了东吴的水军大都督，苏东坡24岁就中了罕见的制策乙科。周瑜身边有一个美丽的妻子小乔，苏东坡身边也有一个美丽的妻子王弗。周瑜那么得意，那么意气风发，当年的苏东坡也是一样的。

周瑜当年，"羽扇纶巾"，很潇洒的一个形象。这个形象不用争是周瑜还是诸葛亮的，这在当时的名士，是一个普遍的服饰。羽扇纶巾，其实就是奢华的平民服饰。就是像梅长苏这种身份的人穿的，白衣客卿，是平民，但是实际的地位不低。周瑜，或者诸葛亮，或者其他名士，都是有官职的，但是他就故意要穿平民的服饰，这是当时的时髦。越是大官，越是要羽扇纶巾，表示我并不在乎这个官位，要的就是这个劲头。周瑜就很潇洒地穿着羽扇纶巾，说着笑着，就把曹操灭了，"樯橹灰飞烟灭"，把曹操的战船烧了，"灰飞烟灭"这个词特别解气，现在我们还都经常用。

这个时候的周瑜，可以说是春风得意，要雨得雨，要风得风，青春少年是样样红。就好像年轻时候的苏东坡，也有这么一段要雨得雨、要风得风的日子。但是，然后，又怎么样呢？苏东坡没有说，但是熟悉历史的朋友们都知道。后来周瑜就不是要雨得雨、要风得风了，还在征巴丘的战役中英年早逝。苏东坡虽然没有英年早逝，但是他也早就不是那个要雨得雨、要风得风的少年了。

　　苏东坡在这儿写的这个周瑜的形象，不是跟历史完全相合的。从"小乔初嫁了"到"樯橹灰飞烟灭"，隔着十几年，并不是同时发生的，赤壁之战的时候，周瑜已经36岁了。苏东坡这么写，好像周瑜是在"小乔初嫁了，雄姿英发"的时候打的赤壁之战，是个少年英雄。这种用典方法叫"拼梗"，把不同的梗，按自己的需要拼起来。苏东坡之所以要这么拼梗，把周瑜写成一个少年英雄，是因为他自己有过一个春风得意的少年时代。这个周瑜的形象身上，投射的是他自己的形象。怀古诗，就着周瑜写周瑜没意思，就着自己写周瑜才有意思。后来这个少年英雄的周瑜形象深入人心，也是因为他满足了我们这个民族对少年英雄的想象。

　　苏东坡就想，周瑜曾经那么春风得意，但是最后这一切都归于虚无，我也曾经那么春风得意，最后我也终将被"浪淘尽"。关于后面这句话，苏东坡在词里面留白了，其实他是有无限的感慨。

　　上面两句，是"怀古"的内容，是对古代英雄的想象，投射了自己的身世之感。接下来，词人从这种思古幽情中回过神来，"故国神游"。"国"，相当于"地方"。"故国"，可以简单理解为"古代的这个地方"，或者"这个地方的古代"，也可以理解为"我的前世故国"，这个跟我有缘分的地方，好像刚才他穿越回了三国，扮演了一把周瑜。回过神来，他意识到自己想多了，想这么多都是白想。"多情应笑我，早生华发"，"多情应笑我"是个倒装句，意思就是"应笑我多情"，倒装是诗词特有的语法，主要是为了适应格律，同时也是强调了"多情"。我怎么那么多情啊，自作多情，真是可笑，怪不得早早地长出白头发来了。白操那么多心有什么用啊。"早生华发"是个静止拍，从浪漫的想象，落回到冰冷的现实。

"人生如梦"，人生真是像一场梦一样啊，梦得多么热闹，醒了以后什么也没有。周瑜的人生像一场梦，又是小乔，又是功业，最后什么都没有，我今天站在这个地方怀念他，好像是在回忆一个梦境一样，好像他从来都不存在一样。那么我的人生呢？我少年的那一场热闹，现在在我的人生里好像也没有留下任何痕迹，就像是做了一个梦一样。所以，那一场热闹真的存在吗？那么，我现在的人生呢？会在历史上留下怎样的痕迹呢？会不会也是一场梦呢？会不会被这长江的波涛淘尽呢？细思极恐。在这儿，苏东坡陷入了生命的思考，生命终将消逝，再热闹的人生，终将归于虚无，就像王羲之说的，"死生亦大矣，岂不痛哉"，苏东坡陷入了对生命的茫然。

这种茫然没有办法解决，苏东坡也没有强行解决。他说，这一杯酒，我还是敬这个江上的明月吧。他这个动作，其实有很深的文化背景。首先，李白曾经写过，"花间一壶酒，独酌无相亲。举杯邀明月，对影成三人"。我有一杯酒，但是没有人和我一起喝，那么，我就敬天上的明月，跟月亮一起喝，跟自己的影子一起喝。苏东坡现在也是这样的处境，他被贬谪到黄州，身边一个朋友也没有，这杯酒，他要是不敬江月，也没有人可以敬了，这是一种孤独的处境。

这里还有另外一个典故。东晋的时候，晋孝武帝司马曜有一次在花园里喝酒，看见天上划过一道扫帚星，就是彗星。传说，出扫帚星，就要天下大乱了。司马曜就心里别扭，他当皇上，天下大乱，那肯定没他的好了。他就安慰自己，端一杯酒起来，对着天上的扫帚星说："扫帚星啊，我敬你一杯酒吧。你爱出就出吧，反正自古以来，哪有一万年的皇上啊。"人没有活一万年的，活一万年也没有一直当皇上的，一个人总有死的时候，一个王朝总有终结的时候，所以天下乱就乱吧。

苏东坡也是刚刚想到"人生如梦"，一切热闹终将归于虚无，然后他的反应是敬月亮一杯酒，他这个动作，有意无意是跟司马曜一样的，都是意识到生命无常之后，给天上的发光体敬酒。人生如梦，如梦就如梦吧，月亮我跟你干一杯，不多说了。最后落到一个特别低沉的调子上。这个低沉，还不仅仅是他被贬谪了，心里不痛快，更重要的是，他意识到了生命的虚无，生命的孤独，少年得志也无非是一场梦，没有任何意义。贬谪的压抑可能会促使他往这方面想，但是这时候他考虑的问题，早就跳出了贬谪这个层面，他是在思考生命本身。所以这种悲凉，是属于生命本身的悲凉。"还酹江月"，又落到"平仄平仄"，一个重复，好像诗人在徘徊低吟，一唱三叹，有余音袅袅的感觉。

这就是苏东坡的《念奴娇·赤壁怀古》，从头到尾都笼罩在一种沉郁的悲凉中，开头说风流人物被大江淘尽，然后跟着波涛的节奏，一路激越，又一路落回到悲凉的基调，一直发展到最后，人生如梦，对整个生命，甚至对整个宇宙感到悲凉。他这种悲凉是很深沉的，很有力量的，但不是慷慨激昂的。

所以我们在朗诵这首作品的时候，要把握好它的声情。从大处说，要把握好它的基调，要深沉，不要激昂。从小处说，每一个细节的处理，每一个节奏，每一个声音效果，跟思想感情表达有什么关系，都要弄对，那种沉郁的感觉，要读出来，要压住了。断句也不要断错。我们说最能体现对一首作品理解的就是朗诵，只有朗诵的时候，每一个细节都对了，才能说明你理解了这首作品。

"以诗为词"从形式上说，就是注重声情，注重词牌声情效果与思想感情的配合关系。从功能上说，就是不再把词当成娱乐性的文体，让词去承担诗的功能，去表达文人的思想情志，承载对宇宙人生的思考。

图书在版编目（CIP）数据

张一南北大国文课／张一南著．-- 长沙：岳麓书社，2021.8
ISBN 978-7-5538-1516-9

Ⅰ.①张… Ⅱ.①张… Ⅲ.①国学- 通俗读物 Ⅳ.①Z126-49

中国版本图书馆 CIP 数据核字 (2021) 第 130006 号

ZHANG YINAN BEIDA GUOWENKE
张一南北大国文课

作　　者	张一南
出 品 方	中南出版传媒集团股份有限公司 上海浦睿文化传播有限公司 上海市巨鹿路 417 号 705 室（200020）
责 任 编 辑	奉懿梓
封 面 设 计	凌 瑛

岳麓书社出版发行

地　　址	湖南省长沙市爱民路 47 号
直 销 电 话	0731-88804152　0731-88885616
邮　　编	410006

2022 年 3 月第 1 版第 2 次印刷

开　　本	880mm×1230mm　1/32
印　　张	8.75
字　　数	158 千字
书　　号	ISBN 978-7-5538-1516-9
定　　价	52.00 元
承　　印	河北鹏润印刷有限公司

如有印装质量问题，请与印刷厂联系调换。联系电话：8621-60455819

浦睿文化
INSIGHT MEDIA

出 品 人： 陈 垦
策 划 人： 于 欣
监 制： 余 西
出版统筹： 戴 涛
编 辑： 林晶晶
装帧设计： 凌 瑛

欢迎出版合作，请邮件联系：insightbook@126.com
新浪微博 @浦睿文化